Yves Steininger

Chronisch kranke Kinder und Jugendliche

Belastungsfaktoren und psychosoziale Interventionskonzepte

Steininger, Yves: Chronisch kranke Kinder und Jugendliche. Belastungsfaktoren und psychosoziale Interventionskonzepte, Hamburg, Bachelor + Master Publishing 2016
Originaltitel der Abschlussarbeit: Belastungen und psychosoziale Interventionskonzepte für chronisch kranke Kinder. Ein systematisches Review

Buch-ISBN: 978-3-95993-025-3
PDF-eBook-ISBN: 978-3-95993-525-8
Druck/Herstellung: Bachelor + Master Publishing, Hamburg, 2016
Zugl. Medical School Hamburg, Hamburg, Deutschland, Masterarbeit, Februar 2016
Coverbild: pixabay.com

Bibliografische Information der Deutschen Nationalbibliothek:
Die Deutsche Nationalbibliothek verzeichnet diese Publikation in der Deutschen Nationalbibliografie; detaillierte bibliografische Daten sind im Internet über http://dnb.d-nb.de abrufbar.

© Bachelor + Master Publishing, Imprint der Diplomica Verlag GmbH
Hermannstal 119k, 22119 Hamburg
http://www.bachelor-master-publishing.de, Hamburg 2016
Printed in Germany

Inhaltsverzeichnis

1. Zusammenfassung

Theoretischer Hintergrund: Eine stetig ansteigende Zahl von Kindern und Jugendlichen wächst mit einer chronischen Erkrankung auf. Die spezifischen Krankheitssymptome und das Krankheitsmanagement nehmen Einfluss auf die Alltagsgestaltung und die Lebensqualität der Betroffenen. Ziel dieses Reviews ist daher, bestehende Forschungsergebnisse zu psychosozialen Belastungen körperlich chronisch kranker Kinder und Jugendlicher zusammengefasst darzustellen sowie eine strukturierte Übersicht über die für diese Zielgruppe bereits existierenden psychosozialen Interventionskonzepte und deren Evaluationsergebnisse aufzuführen.

Methodik: Mithilfe der elektronischen Datenbanken PSYNDEX und MEDLINE wurden insgesamt 456 Studien zu psychosozialen Belastungen und Interventionskonzepten identifiziert. Davon erfüllten zehn Studien zu Belastungen und neun Studien zu Interventionskonzepten die Einschlusskriterien und wurden in das Review aufgenommen.

Ergebnisse: Das Gefühl anders zu sein, soziale Isolation und Einsamkeit, symptombezogene Ängste sowie Schwierigkeiten bei der Entwicklung eines integrierten Identitätsgefühls wurden als Hauptbelastungen der Kinder und Jugendlichen identifiziert. Kerninhalte der psychosozialen Interventionskonzepte waren insbesondere die Verbesserung des Selbstwertgefühls, Maßnahmen zur Förderung der sozialen Integration sowie Interventionen zu Verbesserung von Krankheitswissen und -verständnis der Kinder und Jugendlichen.

Fazit/Ausblick: Eine Vielzahl von Belastungsfaktoren wirken sich negativ auf die Lebensqualität chronisch kranker Kinder und Jugendlicher aus. Psychosoziale Interventionskonzepte haben sich in Bezug auf einige dieser Belastungen als wirkungsvolle Unterstützung erwiesen. Weitere Forschung ist notwendig, um das Hilfsangebot für diese Zielgruppe zu erweitern.

Schlüsselwörter: children; chronic disease; burden; distress; psychosocial intervention programs

"...even though I have sickle cell I wake up and know I have my day on Earth...life expectancy is lower for people with sickle cell, but I just thank God that He woke me up this morning" (13-jähriger Junge mit Sichelzellenanämie, Cotton et al., 2009, S. 313).

2. Einleitung und theoretischer Hintergrund

10 % bis 20 % aller Kinder und Jugendlichen (Tendenz steigend) wachsen mit einer chronischen Erkrankung auf (Abraham, Silber, & Lyon, 1999; Berntsson, Berg, Brydolf, & Hellström, 2007; Last, Stam, Onland-van Nieuwenhuizen, & Grootenhuis, 2007; Northam, 1997). Der Prävalenzanstieg ist vor allem auf die Tatsache zurückzuführen, dass sich die Lebenserwartung von körperlich chronisch erkrankten Kindern und Jugendlichen weltweit stetig erhöht (Berntsson & Köhler, 2001; Blum, 1992; Geist, Grdisa, & Otley, 2003). Das junge Erwachsenenalter erreichen heute bis zu 80 % der erkrankten Kinder (Gortmaker & Sappenfield, 1984; Last et al., 2007). Vor allem die einer immer größere Patientenzahl zugänglichen Fortschritte der modernen Medizin sind hierfür verantwortlich (Blum, 1992; Carnevale, Alexander, Davis, Rennick, & Troini, 2006; Grolle, 2010; Hsia, Lin, & Huang, 2012; Jardine, O'Toole, Paton, & Wallis, 1999). Eine verbesserte pflegerische Expertise und vor allem eine angepasste und verbesserte medizinische Infrastruktur führen dazu, dass mittlerweile ein Großteil der betroffenen Kinder und Jugendlichen bei der Familie zu Hause leben kann (Grolle, 2010; Nicholas, Picone, & Selkirk, 2011; Noyes, 2006; Sarvey, 2008).

Diese Entwicklung hat zur Folge, dass für chronisch kranke Kinder und Jugendliche neben der medizinischen Krankheitsbewältigung psychosoziale Themen, Belastungen und Konflikte, insbesondere in Bezug auf ihre Lebensqualität, zunehmend an Bedeutung gewinnen (Elliott, Lach, & Smith, 2005; Geist et al., 2003; Sarvey, 2008; Woodgate, 1998).

Es wird angenommen, dass chronisch kranke Kinder und Jugendliche dieselben Entwicklungsstadien wie ihre gesunden Peers durchlaufen (Taylor, Gibson, & Franck, 2008). Für die Jugendlichen stellt insbesondere die Phase der Adoleszenz mit ihren spezifischen, psychosozialen Entwicklungsaufgaben eine Doppelbelastung dar (Abrams, Hazen, & Penson, 2007; Rhee, Wenzel, & Steeves, 2007; Woodgate, 1998). Neben der Separation von den Eltern, dem Aufbauen von Beziehungen zu Gleichaltrigen, der Entwicklung eines neuen Identitätsgefühls sowie einer sexuellen Identität, müssen die Jugendlichen die Krankheitsanforderungen weiterhin erfüllen (Berntsson et al., 2007; Rhee et al., 2007; Woodgate, 1998).

Daraus resultierende Einsamkeit und das Gefühl anders zu sein, werden von betroffenen Kindern und Jugendlichen wiederholt berichtet (Freeborn, Dyches, Roper, &

Mandleco, 2013; Spencer, Cooper, & Milton, 2013). Es besteht häufig wenig Kontakt zu Gleichaltrigen und aufgrund dessen seltener eine Zugehörigkeit zu Peergroups (Earle, Rennick, Carnevale, & Davis, 2006; Heaton, Noyes, Sloper, & Shah, 2005; Pfeiffer & Pinquart, 2013; Sarvey, 2008). Häufiges krankheitsbedingtes Fehlen in der Schule sowie lange Krankenhausaufenthalte erschweren den Betroffenen die Entwicklung psychischer und sozialer Kompetenzen zusätzlich (Earle et al., 2006; Pinquart & Teubert, 2012). Auch Schuldgefühle und Zukunftsängste belasten die Kinder (Nicholas et al., 2011). Sichtbare Merkmale und Symptome der Erkrankung können zudem das Selbstwertgefühl der Kinder und Jugendlichen negativ beeinflussen (Pinquart, 2012).

Eine umfassende Metaanalyse von insgesamt 87 Studien zeigt, dass körperlich chronisch kranke Kinder und Jugendliche im Alter von 3 bis 19 Jahren eine Gruppe mit erhöhtem Risiko für internalisierende und externalisierende psychische Erkrankungen darstellt (Lavigne & Faier-Routman, 1992). Verglichen mit gesunden Peers weisen chronisch körperlich kranke Kinder im Mittel mehr depressive Symptome, Angstsymptome und Verhaltensschwierigkeiten auf (Lavigne & Faier-Routman, 1992; Noecker, 2013; Pfeiffer & Pinquart, 2013). Noyes (2007) erhob in einer Studie die empfundene gesundheitsbezogene Lebensqualität von 17 chronisch kranken langzeitbeatmeten Kindern mittels KINDL (Ravens-Sieberer et al., 1998). Die Ergebnisse zeigen eine signifikant niedrigere allgemeine gesundheitsbezogene Lebensqualität der erkrankten Kinder, verglichen mit der Gruppe der Gesunden ($p < .001$).

Die mit der Komplexität chronischer Erkrankungen einhergehenden Herausforderungen können die kindliche und familiäre Bewältigungskapazität übersteigen und zu anhaltendem psychischen Stress und psychosozialen Belastungen bei den Betroffenen führen (Heaton et al., 2005; Seiffge-Krenke, 2013).

Eine einheitliche Definitionen für chronische Krankheit im Kindesalter existiert bisher nicht (vgl. Van der Lee, Mokkink, Grootenhuis, Heymans, & Offringa, 2007). Die *American Academy of Pediatrics* konzeptualisiert sie als überdauernde, häufig ein Leben lang bestehende Erkrankung, die eine medizinische Behandlung und Beobachtung erfordert, welche über das für Kinder und Jugendliche normale Maß hinausgeht (American Academy of Pediatrics Committee on Children with Disabilities and Committee on Psychosocial Aspects of Child and Family Health, 1993). Häufig vorkommende körperlich chronische Erkrankungen bei Kindern und Jugendlichen sind u.a. Typ I Diabetes Mellitus (Freeborn et al., 2013), Epilepsie (Freitag, May, Pfäfflin, König, & Rating, 2001) und Asthma (Akinbami, Moorman, Garbe, & Sondik, 2009).

Studien, die sich mit der subjektiven Perspektive der erkrankten Kinder und Jugendlichen in Bezug auf ihre Krankheitsbewältigung und Lebensqualität beschäftigen bleiben die Ausnahme (Seiffge-Krenke, 2013).

Das wissenschaftlich fundierte Auseinandersetzen mit den alltäglichen psychosozialen Belastungen der betroffenen Kinder und Jugendlichen erscheint daher dringend notwendig (Christian & D'Auria, 1997), geleitet von dem Motiv, ein besseres Verständnis der Lebenswirklichkeit der Kinder zu entwickeln, um ihnen geeignete Unterstützung zukommen lassen zu können.

2.1. Fragestellungen und Zielsetzung der Arbeit

Das vorliegende Review beschäftigt sich mit zwei miteinander in Bezug stehenden Fragestellungen:

I.   Wodurch fühlen sich körperlich chronisch kranke Kinder und Jugendliche belastet, mit welchen zentralen Themen setzen sie sich vermehrt auseinander und welche psychosozialen Konflikte beschäftigen sie?

II. Welche psychosozialen Interventionskonzepte existieren bereits für die Arbeit mit chronisch kranken Kindern und Jugendlichen?

Ziel dieses klassischen systematischen Reviews ist es, bestehende qualitative Forschungsergebnisse zu psychosozialen Belastungen körperlich chronisch kranker Kinder und Jugendlicher darzustellen sowie einen Überblick über die für diese Zielgruppe bereits existierenden psychosozialen Interventionskonzepten zu liefern.

2.2. Das „CHROKODIL-Projekt" und der Lufthafen

Die vorliegende Arbeit ist Teil des von der Arbeitsgruppe Psychotherapie- und Familienforschung an der Klinik für Kinder- und Jugendpsychiatrie, -psychotherapie und -psychosomatik am Universitätsklinikum Hamburg-Eppendorf unter der Leitung von Frau Prof. Dr. Silke Wiegand-Grefe durchgeführten Forschungsprojekts „CHROKODIL" (Chronisch kranke Kinder und deren familiäre Lebensqualität). Das Projekt beschäftigt sich schwerpunktmäßig mit der Ausarbeitung eines psychosozialen Beratungskonzeptes für Familien mit körperlich chronisch kranken Kindern und Jugendlichen (Kinder und Jugendliche zwischen 0 und 21 Jahren mit einer Muskelerkrankung, mit Langzeitbeatmung oder einem Tracheostoma).

In Anlehnung an das evaluierte und mittlerweile deutschlandweit erfolgreich einge-
setzte familienorientierte Präventionskonzept CHIMP`s (Children of mentally ill parents)
(vgl. Wiegand-Grefe et al., 2011), stellen die Verbesserung der Lebensqualität der betroffenen
Familien sowie die Stärkung der Krankheitsbewältigung und der innerfamiliären Beziehungen
die zentralen Ziele der Beratung dar. Zusätzlich sollen die betroffenen Familien in Alltagsfra-
gen unterstützt werden.

Das CHROKODIL-Projekt und später die Beratung werden in enger Zusammenar-
beit mit der zum Altonaer Kinderkrankenhaus (AKK) gehörenden „Lufthafen"-Einrichtung
durchgeführt und zunächst für die sich dort in Behandlung befindenden Kinder und Jugendlichen und deren Familien angeboten und an ihnen evaluiert. Der Lufthafen (Zentrum für
Langzeitbeatmung) ist eine seit Oktober 2005 im AKK bestehende Spezialambulanz zur Behandlung von auf Langzeitbeatmung (via Tracheostoma, Maske etc.) angewiesenen Kindern
und Jugendlichen. Die Krankheitsbilder und -verläufe, der sich am Lufthafen in Behandlung
befindenden Kinder und Jugendlichen, die zu einer Beeinträchtigung der Atmung führen, sind
zum Teil stark heterogen (u.a. neuromuskuläre Erkrankungen, Thoraxdeformationen und
zentrale Atemregulationsstörungen, Erkrankung und Beeinträchtigung bereits konnatal oder
erst zu einem späteren Zeitpunkt) (vgl. Grolle, 2010). Dies erfordert eine individuelle Anpas-
sung und Ausrichtung der bestehenden und zu entwickelnden Behandlungen und Beratungen.

Neben dem Lufthafen des AKK ist die Neuropädiatrie der Klinik und Poliklinik für
Kinder-und Jugendmedizin des Universitätsklinikums Hamburg-Eppendorf Kooperations-
partner des CHROKODIL-Projektes. Dort werden insbesondere Kinder und Jugendliche mit
Muskelerkrankungen betreut. Auch Patienten, bei denen bisher (noch) keine Beatmung notwendig ist.

Speziell für diese belasteten Familien mit chronisch kranken oder langzeitbeatmeten
Kindern ausgearbeitete psychotherapeutisch-psychosoziale, familienorientierte Interventions-
konzepte, die darauf abzielen, die gesundheitsbezogene Lebensqualität langzeitbeatmeter
Kinder und deren Angehörigen zu verbessern, existieren derzeit noch nicht.

Die in diesem Review dargestellten Forschungsergebnisse und Interventionskonzepte
sollen als wissenschaftliche Grundlage und Adaptionsanregung für die Entwicklung eines
solchen Beratungskonzeptes im CHROKODIL-Projekt Einklang finden.

3. Methodik

Zur strukturierten Darstellung bestehender Forschungsergebnisse zu psychosozialen Belastungen körperlich chronisch kranker Kinder und Jugendlicher sowie zu bereits existierenden psychosozialen Interventionskonzepten für diese Zielgruppe, wurde für die vorliegende Arbeit die Methodik und der Aufbau eines klassischen systematischen Reviews gewählt.

Zu Beginn des deduktiv angelegten Literaturrecherche- und Sichtungsprozesses wurden jeweils separat für die beiden thematischen Schwerpunkte (I. psychosoziale Belastungen und II. psychosoziale Interventionskonzepte) die Einschlusskriterien zur Aufnahme in das Review für die zu verwendende wissenschaftliche Literatur bestimmt. Diese beinhalten:

zu I.: Studien, die ein qualitatives Untersuchungsdesign verwenden; die den thematischen Schwerpunkten auf die Beschreibung belastender, psychosozialer Lebenserfahrungen, auf die Darstellung des Einflusses der Erkrankung auf die Lebensqualität sowie auf die Wiedergabe zentraler Themen bzw. Konflikte von Kindern und Jugendlichen (0 bis 21 Jahre) mit medizinisch diagnostizierter körperlich chronischer Erkrankung legen; die die Perspektive der betroffenen Kinder und Jugendlichen explorieren.

zu II.: Studien zu Interventionskonzepten, die eine wissenschaftlich fundierte, theoretische Grundlage besitzen; die als ein Hauptziel die Verbesserung der Lebensqualität von medizinisch diagnostizierten, körperlich chronisch kranken Kindern und Jugendlichen definieren; bei denen das erkrankte Kind (Alter 0 bis 21 Jahren) im Hauptfokus der Intervention steht; für die das Setting, die Ziele sowie die Inhalte/Schwerpunkte der Interventionen beschrieben werden; bei denen Eltern- und Kindersitzungen getrennt voneinander stattfinden; für die Evaluationsergebnisse/Wirksamkeitsnachweise vorliegen und diese klar für Kinder, und Eltern wenn diese mit einbezogen wurden, getrennt werden können.

Die elektronischen Datenbanken PSYNDEX und MEDLINE wurden zur Identifikation potenziell passender Literatur zu den beiden Themenschwerpunkten gesichtet. Jeder Suchvorgang wurde mit unterschiedlichen Kombinationen der folgenden Suchbegriffe (Keywords) durchgeführt: chronic* disease*; ill*; child*; adolescent*; psychosocial; intervention; program; psychosocial suppport; psychotherapy; psychological; issues; burden; problem*; distress; stress*; perspective; emotional; epilepsie; cancer; diabetes; asthma; respiratory insufficiency; ventilator dependent.

Ausschließlich in wissenschaftlichen Journals veröffentlichte Artikel (Studien) wurden berücksichtigt. Keine weiteren Einschränkungen wurden zusätzlich festgelegt.

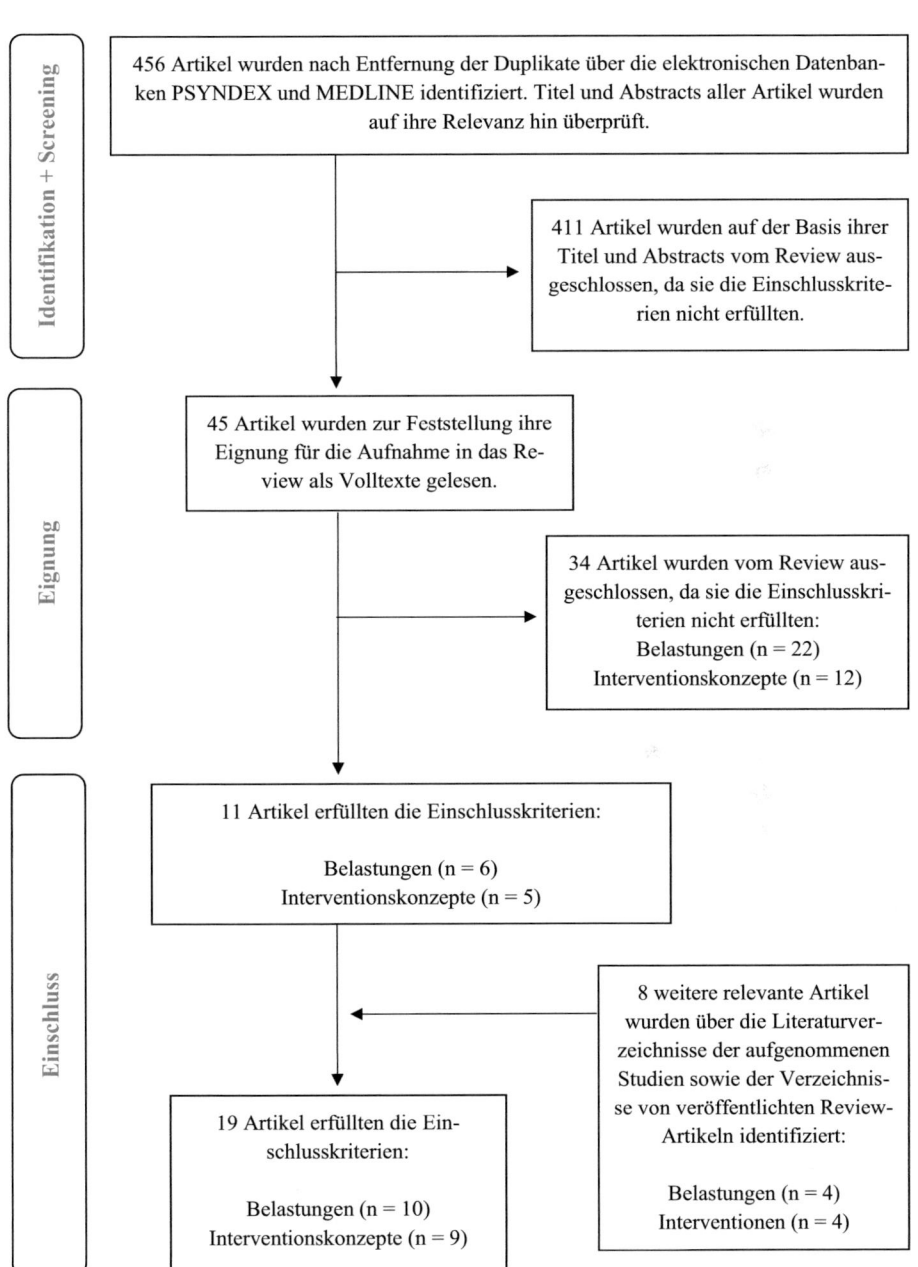

Abbildung 1. Flussdiagramm zur Suchstrategie.

Insgesamt wurden auf diesem Weg nach Entfernung der Duplikate für beide Schwerpunkte zusammen 456 potenziell geeignete Artikel identifiziert. Die Titel und Abstracts aller Artikel wurden auf ihre Relevanz in Bezug auf die beschriebenen Einschlusskriterien hin überprüft. 411 Artikel wurden nach dieser ersten Sichtung auf Basis ihrer Titel und Abstracts vom Review ausgeschlossen, da sie die jeweiligen Einschlusskriterien nicht erfüllten. Die 45 verbliebenen Artikel, welche potenziell die Einschlusskriterien erfüllten, wurden zur Feststellung ihrer Eignung für die Aufnahme ins Review als Volltexte gelesen. Nach dieser zweiten, intensiveren Sichtung wurden weitere 34 Artikel vom Review ausgeschlossen (*I.* psychosoziale Belastungen: n = 22; *II.* psychosoziale Interventionskonzepte: n = 12).

Exklusionsgründe für Studien *zu I.* bestanden darin, dass der Fokus auf Elternberichten und den elterlichen Sichtweisen lag; dass die beschriebenen psychosozialen Belastungen, Themen und Erfahrungen der Kinder und Jugendlichen sich ausschließlich auf einen spezifischen Lebensbereich beschränkten, z.B. auf Krankenhausaufenthalte; dass schwerpunktmäßig psychosomatische Erkrankungen wie chronische Bauchschmerzen oder chronische Schmerzen thematisiert wurden, oder dass der Hauptfokus auf den Copingstrategien der Kinder und Jugendlichen lag.

Exklusionsgründe für Artikel *zu II.* bestanden darin, dass Evaluationsergebnisse, bzw. überhaupt das Berichten von Ergebnissen, der Interventionen fehlten; dass der Hauptfokus auf Eltern- und Familien-Outcomes lag; dass die Beschreibung des Inhaltes und der Struktur des Interventionskonzeptes fehlte, oder dass die Intervention für psychosomatische Erkrankungen konzipiert wurde (u.a. chronische Schmerzen).

Die übriggebliebenen 11 Artikel (Belastungen: n = 6, Interventionen: n = 5) erfüllten die Einschlusskriterien für die Aufnahme ins Review. Über die Literaturverzeichnisse der aufgenommenen Artikel sowie über die Verzeichnisse von bereits veröffentlichten im Rahmen der Suchvorgänge gefundenen, Review-Artikeln mit diesen oder ähnlichen Themenschwerpunkten, konnten weitere 8 relevante Artikel (Belastungen: n = 4, Interventionen: n = 4) identifiziert werden. Insgesamt erfüllten damit 19 Studien (Belastungen: n = 10, Interventionen: n = 9) die Einschlusskriterien und wurden in das Review aufgenommen. *Abbildung 1* stellt die Suchstrategie zusammenfassend noch einmal in Form eines Flussdiagramms dar.

Die 19 ins Review aufgenommenen Artikel wurden anschließend, bezogen auf ihre inhaltlichen Charakteristika, analysiert und in Form zweier, nach den Schwerpunkten (*I.* psychosoziale Belastungen und *II.* psychosoziale Interventionskonzepte) voneinander getrennten, Ergebnistabellen dargestellt (*Tabelle I und II*). Charakteristika sind für Tabelle I: Autor/en, Jahr der Publikation, Land, Studienziele, Stichprobe, Design und Methode sowie zentrale Ergebnisse und Themen. Für Tabelle *II*: Autor/en, Publikationsjahr, Land, Stichprobe, Ziele und inhaltliche Schwerpunkte der Intervention, Aufbau und Struktur der Intervention, Design, Methode, Messinstrumente, Ergebnisse und Effektstärke.

Dieses tabellarische Vorgehen soll einen inhaltlichen Vergleich der Studien im sich anschließenden Ergebnisteil erleichtern sowie das miteinander in Bezug setzen der Studienergebnisse über das Bilden von Ergebniskategorien ermöglichen.

4. Ergebnisse

Im folgenden Abschnitt werden die relevanten Forschungsergebnisse zu den beiden oben genannten thematischen Schwerpunkten getrennt voneinander dargestellt. Der erste Teil thematisiert die Resultate zu den psychosozialen Belastungen, Themen und Konflikten der chronisch kranken Kinder und Jugendlichen und setzt diese zueinander in Bezug. Der zweite Teil beschreibt die identifizierten und aufgenommenen psychosozialen Interventionskonzepte ausführlich. Die beiden Teilabschnitte unterscheiden sich in ihrem formalen Aufbau in einigen Aspekten.

4.1. Psychosoziale Belastungen, Themen und Konflikte

Zehn qualitative Forschungsstudien, die den thematischen Schwerpunkten auf die Beschreibung belastender psychosozialer Lebenserfahrungen, auf die Darstellung des Einflusses der Erkrankung auf die Lebensqualität sowie auf die Wiedergabe zentraler Themen und Konflikte von körperlich chronisch kranken Kindern und Jugendlichen legen, wurden in das vorliegende Review aufgenommen. Von diesen zehn Studien wurden vier Studien in den USA (Christian & D'Auria, 1997; Freeborn et al., 2013; Rhee et al., 2007; Sarvey, 2008), drei in Kanada (Elliott et al., 2005; Nicholas et al., 2011; Woodgate, 1998), zwei in Großbritannien (Miller, 1999; Noyes, 2006) und eine in Südkorea (Kim & Kang, 2003) durchgeführt.

Drei der zehn Studien verwendeten ein qualitativ-deskriptives Untersuchungsdesign (Elliott et al., 2005; Freeborn et al., 2013; Kim & Kang, 2003), drei benutzten einen phänomenologischen Untersuchungsansatz (Miller, 1999; Noyes, 2006; Sarvey, 2008), zwei verwendeten einen grounded-theory-Ansatz (Christian & D'Auria, 1997; Woodgate, 1998), eine wandte einen ethnographischen Untersuchungsansatz an (Nicholas et al., 2011) und eine Studie benutzte einen retrospektiv-deskriptiven Ansatz (Rhee et al., 2007).

Zwei der zehn verwendeten Studien untersuchten an Typ I Diabetes Mellitus erkrankte Kinder und Jugendliche (Freeborn et al., 2013; Miller, 1999), zwei befragten über Tracheostoma oder Maske langzeitbeatmete Kinder und Jugendliche (Noyes, 2006; Sarvey, 2008), eine untersuchte Jugendliche mit zystischer Fibrose (Christian & D'Auria, 1997), eine beforschte Kinder und Jugendliche mit akuten epileptischen Anfällen (Elliott et al., 2005), eine untersuchte Kinder und Jugendliche mit der Diagnose einer Nierenerkrankung im Endstadium (Nicholas et al., 2011), eine beschrieb Erfahrungen von an Zerebralparese, Spinalparese oder Teillähmung erkrankter Jugendlicher (Kim & Kang, 2003), eine untersuchte an

Asthma erkrankte Jugendliche (Rhee et al., 2007) und eine untersuchte Kinder und Jugendliche mit verschiedenen chronischen Erkrankungen (diagnoseübergreifend) (Woodgate, 1998).

Eine detaillierte Übersicht zu den Stichproben, den Zielen sowie den verwendeten Erhebungsmethoden der jeweiligen Studien findet sich in *Tabelle I.*

Die psychosozialen Belastungen, Themen und Konflikte der körperlich chronisch kranken Kinder und Jugendlichen wurden in vier Kategorien gegliedert:

I.   Krankheitsbedingte Restriktionen im Alltag der Kinder und Jugendlichen

II.   Affekte der Kinder und Jugendlichen: Anderssein – anders fühlen?

III. Reaktionen anderer, Stigmatisierung und soziale Isolation

IV.   Lebenslanges Kranksein: Abhängigkeit, Selbstfürsorge und Identitätsfindung

Im Folgenden werden die zentralen Studienergebnisse berichtet.

4.1.1. Krankheitsbedingte Restriktionen im Alltag der Kinder und Jugendlichen

Elliott et al. (2005) untersuchten 49 an Epilepsie erkrankte Kinder und Jugendliche im Alter von 7 bis 18 Jahren mit akuten epileptischen Anfällen bezüglich des Einflusses der Erkrankung auf die Lebensqualität der Betroffenen. In den semistrukturierten, offenen Interviews berichteten die Kinder und Jugendlichen von starker Müdigkeit, einem erhöhten Schlafbedürfnis und Energiemangel als Hindernisse und Barrieren für normales akademisches Funktionieren. Vor allem die anhaltende und sich durch das Auftreten von epileptischen Anfällen intensivierende Müdigkeit führte bei bis zu 76 % der betroffenen Kindern und Jugendlichen zu Schulfehltagen oder erschwerten eine aktive Teilnahme am Unterricht.

Tabelle I

Belastungen, Konflikte, zentrale Themen chronisch kranker Kinder und Jugendlicher

Autor/-en, (Jahr), Land	Ziel(e) der Studie	Stichprobe	Studiendesign, Methode, Messinstrumente	Zentrale Ergebnisse und Themen
Christian & D'Auria (1997), USA	Darstellen von jugendlichen Konzeptualisierungen ihrer Lebenserfahrungen mit der chronischen Erkrankung.	Jugendliche zwischen 12 und 18 Jahren mit Zystischer Fibrose (Diagnose mind. 1 Jahr), N = 20 (12 weiblich, 8 männlich).	Grounded-Theory-Ansatz; Retrospektive Interviews (45 bis 120-minütige Tiefeninterviews mit offenen Fragen; Audioaufzeichnungen und Transkribieren der Sitzungen).	Reduktion von Gefühlen von Verschiedenheit/Anderssein verglichen mit Peers als zentrales Bestreben der Jugendlichen; 3 Strategien der Jugendlichen: a) Geheimhaltung; b) Verstecken sichtbarer Unterschiede/Symptome; c) Entdecken einer *New Baseline* (Identität).
Elliott et al. (2005), Kanada	Beschreibung des Einflusses von Epilepsie (epileptische Anfälle) auf die Lebensqualität in den Bereichen a) physisches, b) emotionales/behaviorales, c) soziales und d) kognitiv/akademisches Funktionieren aus Sicht der betroffenen Kinder	Kinder und Jugendliche zwischen 7 und 18 Jahren (M = 13.66; SD = 2.97 Jahre) mit akuten epileptischen Anfällen, N = 49 (25 weiblich, 24 männlich, 18 waren 7 bis 12 Jahre, 31 waren 13 bis 18 Jahre alt), Alter bei Beginn	Qualitativ-deskriptives Untersuchungsdesign; Semistrukturierte, offene Interviews mit den Jugendlichen.	a) Starke Müdigkeit als Hindernis für normales akademisches und soziales Funktionieren; b) Intermittierende Gefühle von Hilflosigkeit, Kontrollverlust, Traurigkeit, Depressivität, Frustration und Ärger; c) Soziale Isolation/Separation; d) Fragmentiertes, limitiertes Lernen aufgrund von erkrankungsbedingten Unterbrechungen.

	Ziel	Stichprobe	Methode/Design	Ergebnisse
	und Jugendlichen.	der Anfälle: M = 6.18; SD = 4.22 Jahre; Nationalität: 46 kaukasisch, 2 asiatisch, 1 afrikanisch-kanadisch.		
Freeborn et al. (2013), USA	Identifikation von Erfahrungen und Herausforderungen mit denen an Typ 1 Diabetes Mellitus erkrankte Kinder und Jugendliche konfrontiert sind, aus Sicht der Betroffenen.	An Typ 1 Diabetes Mellitus erkrankte Kinder und Jugendliche im Alter von 6 bis 18 Jahren (M = 9.08; SD = 3.78 Jahre), N = 16 (5 weiblich, 11 männlich), Alter bei Diagnose: M = 4.80; SD = 2.80 Jahre.	Qualitativ-deskriptives Design; Insgesamt 6 Fokusgruppen (2 bis 5 Teilnehmer pro Gruppe) über einen Zeitraum von 4 Monaten; Semistrukturierte Interviews und Diskussionen (insgesamt 7 offene Fragen); Audioaufzeichnungen und Transkribieren der Sitzungen.	a) Symptome aufgrund von niedrigem Blutzuckerspiegel; b) Selbstfürsorge; c) Sich anders und allein fühlen (einsam, ausgesondert, anders behandelt).
Kim & Kang (2003), Südkorea	Verständnis darüber erlangen, wie chronisch körperlich kranke Jugendliche ihrem Leben Sinn/Bedeutung geben, welche sozialen Faktoren ihnen dabei helfen, bzw. welche traumatisierenden	Körperlich chronisch kranke Jugendliche (Zerebralparese, Spinalparese, Teillähmung) im Alter zwischen 10 und 19 Jahren, N=88 (34 weiblich,	Qualitativ-deskriptives Untersuchungsdesign; Patientenbeobachtungen; 45 bis 60-minütige Tiefeninterviews mit offenen Fragen (Audioaufnahmen und Transkribieren der Sitzungen).	I.) Sinngebend: a) Gesellschaftliche Akzeptanz ihrer existentiellen Probleme; b) Möglichkeit ein normales Leben führen zu können; c) Selbstverwirklichung (anderen helfen dürfen; eigene Ziele verfolgen und erreichen können);

	sozialen Erfahrungen dies erschweren.	54 männlich, 23 waren 10 bis 14 Jahre alt, 65 waren 15 bis 19 Jahre alt).		II.) Sinnnehmend: a) Diskriminierung (Gefühl von Geringschätzung); b) Eigene Unfähigkeit (Realisierung der eigenen physischen Behinderung); c) Einsamkeit; d) Frustration (Hoffnungslosigkeit).
Miller (1999), Großbritannien	Beschreibung der Lebenserfahrungen von Kindern mit insulinabhängiger Diabetes.	An insulinabhängiger Diabetes erkrankte Kinder im Alter zwischen 7 und 12 Jahren (Diagnosezeitpunkt 4 bis 10 Monate vor Untersuchung), N = 6 (2 weiblich, 4 männlich).	Phänomenologischer Untersuchungsansatz; 15 bis 25-minütige Tiefeninterviews (Audioaufzeichnung), Clusterbildung.	a) Herausfinden, dass Erkrankung vorliegt (Ungläubigkeit, Verwirrung, Trauer); b) Tägliche Disziplin: Selbstverantwortung (lebenslanges Kranksein); c) *Normal sein*; d) *Bad Things*: Mobbing, Schmerzen, Kontrollverlust.
Nicholas et al. (2011), Kanada	Untersuchen und Beschreiben von psychosozialen Erfahrungen und Wahrnehmungen aus Sicht von an Nierenerkrankungen im Endstadium leidenden Kindern und Jugendlichen; Untersuchung des kindli-	7 bis 18-jährige (M = 13.4 Jahre) Kinder und Jugendliche mit Nierenerkrankungen im Endstadium, N = 25 (11 weiblich, 14 männlich, 12 Kinder hatten ein funktionierendes Nieren-	Ethnographischer Untersuchungsansatz; Semistrukturierte Interviews mit offenen Fragen bei den Teilnehmern zuhause oder in den behandelnden Einrichtungen (Audioaufnahmen und Transkribieren).	a) Nicht normal fühlen: symptombezogene Schmerzen/Symptommanagement (Abhängigkeit von Maschinen, Selbstbewusstsein, Body-Image), soziale Restriktionen verglichen mit gesunden Peers, Angst vor der Zukunft, ausgeschlossen/separiert von Peers fühlen, Schuldgefühle; b) Erkrankungswissen und Involviertsein in Behandlung;

	chen/jugendlichen Umgangs mit der Erkrankung, sowie des Ausmaßes und der Möglichkeiten der Integration der Erkrankung in den Alltag.	transplantat, 10 Kinder die waren in Dialysebehandlung), alle Teilnehmer lebten bei ihren Familien zuhause; Ethnischer Hintergrund: 17 Nordamerika, 4 Asien, 2 Karibik, 1 Mittlerer Osten.		c) Selbstverantwortung (Abhängigkeit-Unabhängigkeit); d) Auswirkungen krankheitsbezogener schulischer Abwesenheit (sozialer Kontakt, akademischer Progress, Stigmatisierung); e) Krankheits-Outing/Wahrheit gegenüber Peers (Scham).
Noyes (2006), Großbritannien	Beschreibung von gesundheitsbezogenen Erfahrungen langzeitbeatmeter Kinder und Jugendlicher sowie deren Bedeutung für ihre Lebensqualität aus Perspektive der Betroffenen.	Über Tracheostoma oder Maske langzeitbeatmete Kinder und Jugendliche im Alter von 1 bis 18 Jahren (zum Zeitpunkt der Untersuchung zuhause oder im Krankenhaus lebend), N = 35; Tägliche Beatmungsdauer: wenige Stunden in der Nacht bis 24 Stunden.	Phänomenologisches Untersuchungsdesign; Tiefeninterviews mit offenen Fragen (Audioaufzeichnungen, Transkribieren); Mal- und Spieltechniken bei einigen Kindern.	a) Positiv: Verbesserung der Lebensqualität durch Beatmungsgerät; b) Belastungen: Sozial ausgeschlossen fühlen (negative Auswirkungen auf den Selbstwert), Mobbing wegen Beatmungsgerät.
Rhee et al. (2007),	Untersuchung und Beschreibung von psycho-	An Asthma erkrankte Jugendliche im Alter	Retrospektiv-deskriptiver Ansatz;	a) Einschränkungen/Verpassen von (physischen) Aktivitäten;

Land	Ziel	Stichprobe	Methode	Ergebnisse
USA	soziale Erfahrungen und Copingstrategien aus Sicht von an Asthma erkrankten Jugendlichen; Erfassen von Wahrnehmungen, emotionaler Reaktionen und Einstellungen/Haltungen der Jugendlichen.	zwischen 12 und 18 Jahren, N = 19 (11 weiblich, 8 männlich), Unterteilung in 2 Altersgruppen: I. 12 bis 15 Jahre: N = 9, M = 13.4; SD = 1.01 Jahre; II. 16 bis 18 Jahre: N = 10, M = 16.5; SD = .71 Jahre; Jahre mit der Asthmadiagnose: M = 9.67; SD = 5.6 Jahre; Ethnischer Hintergrund: 10 weiß, 9 afro-amerikanisch.	40 bis 60-minütige semistrukturierte Fokusgruppen-Interviews, Audioaufzeichnungen und Transkribieren der Sitzungen.	b) Emotionale Reaktionen: Unfairness, Angst vor Symptomen, Verlust, Einsamkeit, Traurigkeit, Schuld, Verlegenheit, Frustration, Sorgen; c) Reaktionen anderer: Enttäuschung, Missverständnis, Unterschätzung, Überreaktion/Überprotektivität.
Sarvey (2008), USA	Aufzeigen/Wiedergeben von Erfahrungen langzeitbeatmeter Kinder bezogen auf ihr Leben mit einer Maschine.	Langzeitbeatmete Kinder zwischen 7 und 12 Jahren (M = 10.1 J.), tägliche Beatmungsdauer mindestens 8 Stunden, N = 9 (7 weiblich, 2 männlich), alle Kinder lebten zuhause bei ihrer Familie.	Phänomenologisches Untersuchungsdesign; 30 bis 70-minütige Interviews (Audioaufzeichnungen und Transkribieren der Gespräche); Clusterbildung;	Leben mit einer Maschine: I) Der (omnipräsente) Andere (Menschen/Maschine) als zentraler Aspekt (Kontext) des Überlebens; II) Nie alleine sein (Autonomie-Abhängigkeits-Dilemma: Eigene Existenz als Ergebnis von erfolgreicher Medizintechnologie).

| Woodgate (1998), Kanada | Detaillierte Beschreibung von Erfahrungen chronisch kranker Jugendlicher. | Jugendliche zwischen 13 und 16 Jahren mit einer mindestens 1 Jahr bestehenden diagnostizierten chronischen Erkrankung, N = 23 (12 weiblich, 11 männlich, 11 hatten Diabetes, 5 Asthma, 4 Rheumatoide Arthritis, 3 entzündliche Darmerkrankung); Alter bei Diagnose: M = 8.6 Jahre; Ethnische Zugehörigkeit: 19 kaukasisch, 2 asiatisch, 1 kanadisch-aborigine. | Grounded-theory-Ansatz; 2 mal 45 bis 90-minütige offene Interviews mit den Teilnehmern (5 Teilnehmer nur einmal interviewed); Nicht-kategorische Orientierung. | a) tägliche, zusätzliche physische und psychische Belastungen/Anstrengungen (Symptommanagement vor allem während instabiler Phasen der Erkrankung; Gefühle von Frustration, Ungeduld, Wut, Ärger, Hoffnungslosigkeit); b) Krankheitsbezogene Einschränkungen; c) Schmerzen: physisch: körperliche Symptome; psychisch: Restriktionen im Alltag, Gefühl von Familie und Freunden ausgeschlossen zu sein, anders als Peers zu sein, anders behandelt werden; d) Sorgen (z.B. bezogen auf persönliche Entwicklung, Tod/Sterben, Einsamkeit, Zukunft). |

Zudem verstärkten die zusätzlich bei bis zu 70 % der erkrankten Kindern und Jugendlichen auftretenden Gedächtnisprobleme bei den Betroffenen die Überzeugung, physisch und psychisch nicht zu kontinuierlichen, integrierten, schulischen Lernerfahrungen in der Lage zu sein. Auch die Teilnahme an typischen dem Alter entsprechenden, physischen und sozialen Aktivitäten mit Gleichaltrigen wurde durch die aufgeführten Symptome erschwert. Die beschriebenen Auswirkungen der Erkrankung auf die genannten Lebensbereiche hatten wiederum einen negativen Einfluss auf die Entwicklung des Selbstwertgefühls der Betroffenen. Die Kinder und Jugendlichen empfanden, im Vergleich zu gesunden Gleichaltrigen, ihr erhöhtes Schlafbedürfnis, die Notwendigkeit Medikamente einnehmen zu müssen sowie unter exzessiver Beobachtung der Eltern zu stehen, als unfair und frustrierend. Bezogen auf die Unvorhersehbarkeit der Anfälle berichteten die Betroffenen wiederkehrende Gefühle von Hilflosigkeit, Kontrollverlust, emotionalem Stress, Angst vor Verletzungen und Todesangst. Die Sorge vor den möglichen negativen Auswirkungen eines Anfalls wurde in den Interviews von vielen Kindern und Jugendlichen als ihr Leben stark belastend bezeichnet (Elliott et al., 2005).

Rhee et al. (2007) führten mit 19 an Asthma erkrankten Jugendlichen im Alter von 12 bis 18 Jahren 40 bis 60-minütige semistrukturierte Fokusgruppen-Interviews durch und befragten die Jugendlichen zu ihren psychosozialen Erfahrungen mit der Erkrankung. Das wiederholte Verpassen sowie das unterbrechen müssen von physischen Aktivitäten wurde von einigen der Jugendlichen vor allem im Vergleich mit den gesunden Peers als unfair empfunden. An weniger Aktivitäten als ihre Klassenkameraden teilnehmen zu können, sich bei diesen aber stärker anstrengen zu müssen und schneller erschöpft zu sein, nannten die Jugendlichen als eine sie frustrierende Erfahrung.

Als emotionale Reaktionen, bezogen auf ihre Lebenserfahrungen mit der Asthmaerkrankung, berichteten die Jugendlichen vor allem bei Aktivitäten mit Gleichaltrigen, bei denen ihre physische Beschränktheit deutlich wurde sowie beim Erleben von Krankheitssymptomen und bei notwendigen Medikationen in sozialen Situationen von Verlegenheitsgefühlen. Viele der Jugendlichen fühlten sich abgetrennt von Gleichaltrigen, einsam und sozial isoliert aufgrund ihrer eingeschränkten Möglichkeiten (u.a. Absage von Besuchen, Verzicht auf Kuscheltiere, Unterbrechung von Sportaktivitäten). Schuldgefühle und die Angst Freunde, Trainer und Eltern aufgrund ihres krankheitsbedingten Beschränktseins im Stich zu lassen, bzw. für andere, vor allem für die eigenen Eltern eine Belastung darzustellen, wurden von einigen Jugendlichen geäußert. Ältere männliche Studienteilnehmer berichteten zudem von Ängsten vor der Nacht und dem Schlafengehen aufgrund des möglichen, unvorhersehbaren Auftretens von Symptomen während dieser Zeit. Ein geringes Vertrauen in sich selbst mit Asthmaattacken angemessen umgehen zu können, nannten die Betroffenen als Auslöser für Panikgefühle und Episoden von Todesangst (Rhee et al., 2007). Die zuletzt genannten Erfahrungen wurden in ähnlicher Art und Weise auch von an Epilepsie erkrankten Kindern und Jugendlichen berichtet (vgl. Elliott et al., 2005).

Sich von Mitmenschen bezüglich der Krankheitssymptome und der krankheitsbedingten Einschränkungen häufig missverstanden zu fühlen und u.a. von Mitschülern als Folge dessen unterschätzt oder überstark beschützt zu werden, wurden von Jugendlichen mit Asthma als unangenehme und sie belastende zwischenmenschliche Erfahrungen genannt (Rhee et al., 2007). Rhee et al. (2007) sehen in der Erfahrung anders zu sein, die den Jugendlichen durch das zuvor beschriebenen Verhalten von außen vermittelt wird, eine Gefährdung für die zukünftige, kontinuierliche und gewissenhafte Ausführung des notwendigen medizinischen Krankheitsmanagements durch die Betroffenen.

In der Studie von Woodgate (1998) mit 23 chronisch kranken Jugendlichen mit unterschiedlichen Diagnosen berichteten die Betroffenen bezüglich des Symptommanagements vor allem in instabilen Phasen der Erkrankung von sie täglich stark belastenden, zusätzlichen physischen und psychischen Anstrengungen. Diese seien begleitet von Gefühlen von Frustration, Ungeduld, Wut, Ärger und Hoffnungslosigkeit. Die Jugendlichen äußerten wiederholt sich eingeschränkt und nicht in der Lage zu fühlen, ein normales Leben führen zu können. Den Eindruck zu haben, von Freunden und der Familie ausgeschlossen zu sein sowie die Erfahrung zu machen, sich anders als ihre Peers zu fühlen, nannten die Jugendlichen als weitere sie belastende, psychische Schmerzen. Viele der chronisch kranken Jugendlichen waren um ihre persönliche Entwicklung und ihre Zukunft besorgt. Auch in dieser Studie setzten sich einige Jugendliche verstärkt mit dem Thema Tod auseinander (Woodgate, 1998).

Freeborn et al. (2013) befragten in 6 Fokusgruppen über einen Zeitraum von vier Monaten insgesamt 16 an Typ I Diabetes Mellitus erkrankte Kinder und Jugendliche mittels semistrukturierter Interviews zu ihren Symptomerfahrungen bezogen auf Phasen mit niedrigem Blutzuckerspiegel. Die betroffenen Kinder und Jugendlichen berichteten von sie belastender starker Müdigkeit, Unwohlsein und dem Gefühl ernsthaft krank zu sein. Die Kinder und Jugendlichen nannten als eine wichtige Erkenntnis die Unterstützung anderer Personen (Eltern, Lehrer, Schulkrankenschwester und Freunde) zum Beenden dieser unangenehmen Zustände zu benötigen.

Einige Kinder und Jugendliche mit Diabetes bezeichneten das tägliche um sich selbst Kümmern und für sich selbst Sorgen (Messen des Blutzuckerspiegels mehrmals am Tag und

Insulingabe) als lästige und zum Teil schmerzhafte Herausforderung. Als Konsequenz versuchten sie diese medizinisch notwendigen Prozesse zu vermeiden (Freeborn et al., 2013). Auch in der Studie von Miller (1999) beschreiben Kinder mit Diabetes das zeitintensive, mit täglicher Disziplin und einem hohen Maß an Selbstverantwortung verbundene Krankheitsmanagement sowie die krankheitsbedingten im Alltag häufig spürbaren Restriktionen (u.a. Diäten) als belastend und frustrierend.

Im Vergleich zu den oben genannten restriktiven Alltagserfahrungen der chronisch kranken Kinder und Jugendlicher, fand Jane Noyes (2006) in ihrer, nach einem phänomenologischen Ansatz ausgerichteten, auf Tiefeninterviews basierenden, Untersuchung von 35 langzeitbeatmeten Kindern und Jugendlichen, dass der Großteil der Betroffenen die medizintechnische Unterstützung durch das Beatmungsgerät als ihre Lebensqualität insgesamt verbessernd wahrnahm. Die Erfahrung nicht angemessen atmen zu können, wurde von den Kindern und Jugendlichen als mühsam, aufreibend, beängstigend und erschöpfend beschrieben. Die an der Untersuchung teilnehmenden Kinder und Jugendlichen waren unterschiedlich stark von dem Beatmungsgerät abhängig. Zeiten, in denen sie nicht auf das Gerät angewiesen waren, wurden von ihnen mit geringerem Überwacht werden durch die Eltern assoziiert. Dies hatte ebenfalls positive Auswirkungen auf die empfundene gesundheitsbezogene Lebensqualität der Kinder.

Die Belastungsart der Kinder und Jugendlichen stellte Noyes (2006) im Zusammenhang mit dem Alter der Betroffenen zu Beginn der Langzeitbeatmung dar. Kinder, die schon ihr gesamtes Leben von dem Beatmungsgerät abhängig waren, berichteten vor allem von gesellschaftlichen Barrieren, die sich negativ auf ihre Lebensqualität und ihr Selbstbild auswirkten, wohingegen ihr physisches und kognitives Eingeschränktsein sowie die Abhängigkeit vom Beatmungsgerät sie weniger zu belasten schienen. Kinder, die aufgrund einer erst zu einem späteren Zeitpunkt in ihrem Leben aufgetretenen schweren Erkrankung oder eines Unfalls Langzeitbeatmung benötigten und ihren früheren, gesunden Zustand erinnerten, wünschten sich vor allem das Zurückerlangen ihrer physischen Funktionsfähigkeit. Noyes (2006) beobachtete bei diesen Kindern erhöhte Depressivität und ein geringes Selbstwertgefühl. Einige Kinder berichteten zudem von der Erfahrung sozial ausgeschlossen zu sein und sich einsam zu fühlen.

4.1.2. Affekte der Kinder und Jugendlichen: Anderssein – anders fühlen?

Der Wunsch *normal* zu sein wird von den meisten Kindern und Jugendlichen mit einer körperlich chronischen Erkrankung geteilt (vgl. Christian & D'Auria, 1997; Elliott et al., 2005; Freeborn et al., 2013; Miller, 1999; Nicholas et al., 2011; Woodgate, 1998).

Nicholas et al. (2011) untersuchten mithilfe von semistrukturierten Interviews die psychosozialen Belastungen von 25 Kindern und Jugendlichen mit einer Nierenerkrankung im Endstadium. Die Jugendlichen nannten als eine sie häufig belastende Erfahrung, sich nicht *normal* zu fühlen. Sie beschrieben ihr Leben mit der Erkrankung als schwierig und schmerzhaft. Als Gründe hierfür wurden u.a. häufig auftretende medizinische Komplikationen bzw. Symptome (Nebenwirkungen der Medikamente, sich krank fühlen, Infektionen, Erschöpfung), der Dialyseprozess sowie wiederholte medizinische Untersuchungen und Krankenhausaufenthalte genannt. Mit einer Maschine leben zu müssen, beschreiben einige der Betroffenen als die sie am stärksten belastende krankheitsbezogene Erfahrung.

Ein weiterer die Kinder und Jugendlichen belastender Aspekt war auch in dieser Studie das Gefühl sozial ausgeschlossen zu sein. Das zeitintensive Krankheitsmanagement sowie das erhöhte gesundheitliche Risiko verhinderten die Teilnahme an sozialen, altersentsprechenden Aktivitäten (z.B. Schwimmen gehen, Übernachtung bei Freunden). Die Kinder und Jugendlichen berichteten von empfundener Frustration und Hilflosigkeit. Einige Jugendliche äußerten in den Interviews, dass ihnen die Vorstellung einer Zukunft mit der Erkrankung und den unangenehmen dialysebezogenen Restriktionen Angst mache.

Urlaub und Verreisen war wegen der hochfrequenten, lebenswichtigen Dialysetermine für die betroffenen Kinder und ihre Familien nur sehr eingeschränkt möglich. Diesbezüglich berichteten einige der befragten Kinder und Jugendlichen von empfundenen Schuldgefühlen gegenüber ihren Familien. Für andere stellte das äußere Erscheinungsbild, verglichen mit gesunden Peers sowie die damit in Zusammenhang stehenden medikamentösen Nebenwirkungen, einen sich auf das Selbstbewusstsein der Betroffenen negativ auswirkenden Belastungsfaktor dar (Nicholas et al., 2011).

Kinder und Jugendliche mit Epilepsie berichteten von intermittierenden, sich täglich bis stündlich ändernden Gefühlen von Traurigkeit und Depressivität (Elliott et al., 2005). Aufgrund ihrer Andersheit (Abhängigkeit von medizinischen Prozeduren) von Freunden abgelehnt und fallengelassen zu werden, wurde als eine zentrale Sorge von an Diabetes erkrankter Kinder und Jugendlicher genannt (Freeborn et al., 2013).

Miller (1999) befragte sechs an insulinabhängiger Diabetes erkrankte Kinder im Alter von 7 bis 12 Jahren mit Hilfe von 15 bis 25-minütigen Tiefeninterviews zu ihren Lebenserfahrungen mit der chronischen Erkrankung. Die Kinder berichteten, dass das Herausfinden chronisch krank zu sein, bei ihnen zunächst mit Ungläubigkeit verbunden gewesen sei. Schwierigkeiten die Diabeteserkrankung begreifen und verstehen zu können sowie die Erkenntnis täglich Insulininjektionen zu benötigen, lösten Gefühle von Verwirrtheit, Angst und Trauer in ihnen aus. Gleichzeitig stellte die Erfahrung des Rückgangs der krankheitsspezifischen, unangenehmen Symptome durch die medizinische Behandlung eine Erleichterung für die Kinder dar.

Die Tatsache lebenslang krank zu sein und von der chronischen Erkrankung überall hin begleitet zu werden, ist für betroffene Kinder und Jugendliche eine schwer zu integrierende Erkenntnis (Miller, 1999; Rhee et al., 2007). Einige Jugendliche mit Asthma berichteten von einem sie belastenden dauerhaften Präsentsein der Erkrankung, das vor allem durch die Angst vor den Symptomen aufrechterhalten werde (Rhee et al., 2007).

Als weitere Belastungen und negative Erfahrungen nannten Kinder mit Diabetes Mobbingerfahrungen bezogen auf ihr Anderssein, schmerzhafte Insulininjektionen, Gefühle von Kontrollverlust in Phasen von niedrigem Blutzuckerspiegel sowie Zukunftsangst aufgrund der bestehenden Möglichkeit einer Verschlechterung des gesundheitlichen Zustandes mit dem Älterwerden (Miller, 1999).Vor allem das Offenbaren der Diagnose vor den Gleichaltrigen bereitete den Jugendlichen Schwierigkeiten (Christian & D'Auria, 1997; Nicholas et al., 2011) und wird von einigen als Prozess des Abwägens von pro und contra bezogen auf die Reaktionen der Peers und möglicher Folgen für bestehende Freundschaften beschrieben (Nicholas et al., 2011).

In der Untersuchung von Christian und D'Auria (1997) berichteten an zystischer Fibrose/Mukoviszidose erkrankte Jugendliche als ein zentrales Bestreben die Reduktion von Gefühlen von Verschiedenheit und Anderssein im Vergleich mit ihren gleichaltrigen, gesunden Peers. Retrospektiv betrachtet gaben die Jugendlichen an, dass sich dieser *Normalisierungswunsch* bei ihnen ab dem Grundschulalter zu entfalten begann und an Intensität bis zur Adoleszenz hin zunahm. Um Gefühle von Verschiedenheit zu reduzieren, hielten die Jugendlichen vor Gleichaltrigen ihre Diagnose geheim, aus Angst vor möglichen negativen und ablehnenden Reaktionen der Peers sowie zum Schutz neu aufgebauter intimer Beziehungen. Zudem versuchten sie sichtbare Unterschiede und Symptome der Erkrankung (u.a. den typischen Husten und die Einnahme von Medikamenten) im Zusammensein mit anderen zu verstecken. Die zunehmende Wichtigkeit Freunde zu finden, verringerte die Notwendigkeit die Erkrankung vor allen Peers zu verbergen. Geheimhaltung war assoziiert mit einer erschwerten Entwicklung enger Freundschaften und romantischer Beziehungen (Christian & D'Auria, 1997).

Auch Nicholas et al. (2011) fanden heraus, dass das Enthüllen der Diagnose vor den Peers bei Kindern und Jugendlichen mit Nierenerkrankungen mit Angst vor Zurückweisung und Schamgefühlen besetzt war. Manche Betroffenen bezeichneten ihr Krank- und Anderssein als Schwäche und persönliches Defizit und konnten es nicht aushalten, dass andere davon wissen. Nicholas et al. (2011) sind der Meinung, dass die Kinder und Jugendlichen durch das Verheimlichen ihres Krankseins einen bedeutsamer Teil ihrer Identität vor anderen (und sich selbst) verborgen hielten.

4.1.3. Reaktionen anderer, Stigmatisierung und soziale Isolation

Viele chronisch kranke Kinder und Jugendliche fühlen sich sozial isoliert und einsam und haben Angst dies aufgrund ihrer Erkrankung auch in Zukunft sein zu müssen (vgl. u.a. Elliott et al., 2005; Freeborn et al., 2013; Nicholas et al., 2011; Noyes, 2006; Rhee et al., 2007; Woodgate, 1998).

Trotz bestehender, von den Kindern und Jugendlichen als eng wahrgenommener Freundschaften, berichteten an Epilepsie erkrankte Kinder und Jugendlichen von empfundenem Separiertsein und sozialer Isolation aufgrund der Anfälle (Elliott et al., 2005). Auch in der Studie von Kim und Kang (2003) äußerten chronisch kranke Jugendliche Schwierigkeiten Beziehungen mit anderen Gleichaltrigen eingehen zu können und sich daher sozial und emotional einsam und fremdartig zu fühlen.

Nicholas et al. (2011) fanden heraus, dass Jugendliche mit Nierenerkrankungen im Endstadium sich aufgrund von krankheitsbedingten Fehlzeiten in der Schule stark sozial isoliert und unverbunden mit ihren Peers fühlten. Die Jugendlichen beschrieben Gefühle von Traurigkeit in Verbindung mit dem Verpassen physischer Aktivitäten mit Freunden und dem nicht Erfüllen-können der schulischen Anforderungen. Einige der älteren Jugendlichen äußerten Ängste, die sozialen Elemente der Schulzeit aufgrund des fehlenden Zusammenseins mit Gleichaltrigen zu verpassen und später nicht nachholen zu können. Andere fühlten sich durch ihre Peers bezüglich ihrer hohen Anzahl von Fehlzeiten stigmatisiert (Nicholas et al., 2011). Von Freunden vermittelt zu bekommen, wegen der Erkrankung anders behandelt bzw. beschützt werden zu müssen, berichteten Kinder und Jugendliche mit Diabetes als weitere unangenehme und sie belastende Erfahrung (Freeborn et al., 2013).

4.1.4. Lebenslanges Kranksein: Abhängigkeit, Selbstfürsorge und Identitätsfindung

Vielen chronisch kranken Jugendlichen fällt es vor allem während der Zeit der Adoleszenz schwer, ein Identitätsgefühl zu entwickeln, da der Vergleich mit den gesunden Peers für sie häufig nachteilig ausfällt (Christian & D'Auria, 1997; Elliott et al., 2005). Für an akuter Epilepsie erkrankte Jugendliche spielen vor allem die zum Teil unkontrollierbar auftretenden epileptischen Anfälle eine ihr Identitätsgefühl zentral beeinflussende Rolle (Elliott et al., 2005). Die mit den Anfällen assoziierten negativen internalisierten Erfahrungen der Jugendlichen führen bei ihnen zu dem Gefühl nicht normal bzw. anders zu sein („abnormal self" (vgl. Elliott et al., 2005, S.672)), und stellen für sie die größte Barriere zur Normalität dar. Aus Sicht von Elliott et al. (2005) spiegelt sich in diesen Fremdheitsgefühlen gleichzeitig die Hoffnung der Jugendlichen auf Normalsein wieder. Die Kinder und Jugendlichen nutzen ihre gesunden Freunde zur Beschreibung von Normalität und vergleichen sich mit ihnen (Elliott et al., 2005; Nicholas et al., 2011).

In der Studie von Nicholas et al. (2011) berichteten an Nierenerkrankung leidende Kinder und Jugendliche von einem sich bei ihnen phasenweise verändernden Verantwortungsgefühl für ihr Krankheitsmanagement, schwankend zwischen stark selbstverantwortlichem Handeln und der überwiegenden Abgabe der Verantwortung und des Sicherstellens der medizinischen Versorgung an die Mutter. Nicholas et al. (2011) sehen das krankheitsbezogene Verständnis der Jugendlichen als ein Maß für den persönlichen Entwicklungsprozess hin zu mehr Unabhängigkeit.

Eine von Jugendlichen mit zystischer Fibrose berichtete hilfreiche Entwicklungsmöglichkeit besteht im Entdecken und Definieren einer „Neuen Baseline" (Christian & D'Auria, 1997, S.8) durch das Treffen und den Austausch mit anderen chronisch kranken Jugendlichen. Das Gefühl dazu zu gehören, in Kontakt mit anderen Gleichaltrigen zu sein, offen über die Erkrankung und die gemachten Erfahrungen sprechen zu können sowie sich verstanden und gesehen zu fühlen, stellte für viele Jugendliche eine wichtige soziale Ressource dar. Die Jugendlichen fühlten sich nicht mehr verschieden und anders. Zudem erweiterte und veränderte sich durch das Teilen der individuell gemachten Lebenserfahrungen mit den chronischen Erkrankungen die Perspektive der Jugendlichen bezüglich möglicher Krankheitsverläufe und Auswirkungen für ihre Zukunft (Christian & D'Auria, 1997).

Sarvey (2008) untersuchte in einer phänomenologischen Interviewstudie die direkten Erfahrungen von neun langzeitbeatmeten Kindern zwischen 7 und 12 Jahren bezogen auf ihr Leben mit einer Maschine. Alle Kinder wurden mindestens acht Stunden pro Tag maschinell beatmet bzw. bei der Atmung unterstützt. Sarvey legte einen Schwerpunkt auf die Omniprä-senz des *Anderen* als zentralen Aspekt des Überlebens im Leben der befragten körperlich chronisch kranken Kinder. Sie unterschied zwischen dem mechanischen Anderen in Form des Beatmungsgerätes und dem menschlichen Anderen in Form der Pflegepersonen, in der Regel der Eltern. Die betroffenen Kinder berichteten von der sie belastenden Erfahrung nie alleine zu sein. Der *Andere* sei dauernd präsent. Einige der Kinder waren sich darüber bewusst, dass sie nur als Ergebnis von erfolgreicher Medizintechnologie existierten. Die Erfahrung in ext-remer Weise von anderen abhängig zu sein sowie der Wunsch Unabhängigkeit und Autono-mie zu entwickeln, wurde von den Kindern als ein zentraler Konflikt genannt, mit dem sie sich wiederholt auseinandersetzten. Trotz der bestehenden technologischen Abhängigkeit und dem Angewiesensein auf andere, berichteten die Kinder großen Wert darauf zu legen, als Per-son gesehen und akzeptiert zu werden (Sarvey, 2008).

Kim & Kang (2003) befragten in ihrer Studie 88 körperlich chronisch kranke Ju-gendlichen aus Korea bezüglich der sozialen Faktoren, die ihnen helfen, ihrem Leben Sinn und Bedeutung zu geben, bzw. die dies erschweren. Als sinngebend empfanden die Jugendli-chen die gesellschaftliche Akzeptanz und Anerkennung ihrer existentiellen Probleme sowie die dadurch entstehende Möglichkeit ein *normales* Leben führen zu können. *Normalität* bein-haltete für die Jugendlichen, als einen wichtigen Aspekt, die Möglichkeit zur Selbstverwirkli-chung. Darunter verstanden sie das Unterstützen anderer Menschen als Freund/in oder Ehren-amtliche/r und das Entwickeln, Verfolgen und Erreichen eigener Lebensziele. Als sinnneh-mend beschrieben die Jugendlichen die zum Teil traumatisierende Erfahrung aufgrund ihrer Erkrankung von der Gesellschaft geringgeschätzt, verachtet und als anders wahrgenommen und behandelt zu werden. Die Realisierung der eigenen physischen Begrenztheit wurde von den Jugendlichen als weitere, sie zum Teil überfordernde, Belastung genannt. Schwierigkei-ten, die physische Erkrankung zu akzeptieren, führten bei einigen Jugendlichen zu Frustration und Hoffnungslosigkeit.

Langzeitbeatmete chronisch kranke Kinder und Jugendliche nannten, als sich auf ihre Lebensqualität positiv auswirkende Erfahrungen, von anderen mit Respekt Behandelt zu wer-den, mit anderen kommunizieren zu können, zu Hause leben zu können, ein stabiles soziales Umfeld zu haben, gute schulische Bildung zu erhalten und in der Lage zu sein, Entscheidun-gen treffen und Unabhängigkeit entwickeln zu können (Noyes, 2006).

4.2. Psychosoziale Interventionskonzepte

Insgesamt neun Studien zu psychosozialen Interventionskonzepten für chronisch kranke Kinder und Jugendliche wurden in das vorliegende Review aufgenommen. Von diesen neun Studien wurden zwei in den USA (Adams, 1976; Carbone, Plegue, Barnes, & Shellhaas, 2014), zwei in den Niederlanden (Last et al., 2007; Van Dijk-lokkart et al., 2015), zwei in Deutschland (Jantzen et al., 2009; Rau, May, Pfäfflin, Heubock, & Petermann, 2006), eine in Australien (Creedy et al., 2004), eine in Kanada (Malboeuf-Hurtubise et al., 2015) und eine in Argentinien (Tieffenberg, Wood, Alonso, Tossutti, & Vicente, 2000) durchgeführt.

Drei der neun Interventionskonzepte sind für an Krebs erkrankte Kinder und Jugendliche konzipiert (Adams, 1976; Malboeuf-Hurtubise et al., 2015; Van Dijk-lokkart et al., 2015), drei haben Kinder und Jugendliche mit einer Epilepsiediagnose als Zielgruppe (Carbone et al., 2014; Jantzen et al., 2009; Rau et al., 2006), zwei sind auf die Behandlung und Unterstützung von allgemein körperlich chronisch kranken Kindern (diagnoseübergreifend) ausgerichtet (Creedy et al., 2004; Last et al., 2007) und ein Interventionskonzept hat Kinder mit einer Asthma- oder Epilepsiediagnose als Zielgruppe (Tieffenberg et al., 2000).

Vier der neun Interventionskonzepte sind kognitiv-verhaltenstherapeutisch ausgerichtet (Carbone et al., 2014; Creedy et al., 2004; Last et al., 2007; Van Dijk-lokkart et al., 2015), ein Konzept ist psychoanalytisch orientiert (Adams, 1976), eins folgt einem konstruktivistischen Ansatz (Tieffenberg et al., 2000), ein Konzept ist edukativ-verhaltenstherapeutisch ausgerichtet (Jantzen et al., 2009), eins folgt einem achtsamkeitsbasierten Ansatz (Malboeuf-Hurtubise et al., 2015) und ein Interventionskonzept ist ausschließlich edukativ ausgerichtet (Rau et al., 2006).

Acht der neun Interventionskonzepte arbeiten mit den Kindern und Jugendlichen im Gruppensetting (Adams, 1976; Carbone et al., 2014; Creedy et al., 2004; Jantzen et al., 2009; Last et al., 2007; Malboeuf-Hurtubise et al., 2015; Rau et al., 2006; Tieffenberg et al., 2000) und ein Konzept arbeitet mit den Kindern und Jugendlichen im Einzelkontext (Van Dijk-lokkart et al., 2015).

Eine detaillierte Übersicht zu den jeweiligen Stichproben, den Zielen und inhaltlichen Schwerpunkten, dem Aufbau und der Struktur sowie den verwendeten Messinstrumenten und Studiendesigns der Interventionskonzepte findet sich in *Tabelle II*. Im Folgenden werden die Interventionskonzepte sowie deren Evaluationsergebnisse, nach den jeweiligen Zielgruppen geordnet, beschrieben

.

Tabelle II

Psychosoziale Interventionskonzepte für chronisch kranke Kinder und Jugendliche

Autor/-en, (Jahr), Land	Stichprobe	Ziele und Inhaltliche Schwerpunkte der Intervention	Aufbau und Struktur der Intervention	Design, Methode, Messinstrumente	Ergebnisse, Effektstärke
Adams (1976), USA	Seit Programmstart 200 Kinder und Jugendliche im Alter von 0 bis 21 Jahren, meist mit akuten malignen Erkrankungen; die meisten Patienten nahmen an ca. 4 Sitzungen teil; keine Stundenbegrenzung; alle sich im Krankenhaus befindenden Kinder werden zu den Gruppensitzungen eingeladen; Beschreibung von Einzelfällen in der Studie (Unterteilung nach Altersstufen: 0 bis 3 Jahre, 4 bis 7 Jahre, 8 Jahre bis Pubertät).	Förderung von Gefühlsexpression der Kinder; Entwicklung von Verständnis für eigene Gefühle; Verbesserung des „sense of mastery"; Förderung von adaptivem Verhalten und Kooperation mit medizinischer Behandlung; Verhindern von sozialer Isolation; Erlangen eines besseren Verständnisses des Kindes als Individuum und im familiären Kontext.	Psychoanalytische Orientierung, Spielansatz (Intervenieren über das Spielen), Sitzungen 2 mal pro Woche in der Gruppe, Ich-orientierter Fokus, Ermöglichen von Reinszenierungen über das Spiel, Durchführung von einem Sozialarbeiter und einer Krankenschwester im Krankenhaus.	Beobachtung der Kinder im Spielkontext; Nutzen der therapeutischen Beziehung zur Diagnostik;	Fallberichte: Beobachtungen und Beschreibung von verbessertem emotionalem Umgang der Kinder mit ihrer jeweiligen Situation, selbst bei bevorstehendem Tod; Effektive Möglichkeit eines natürlichen Umgangs mit Ängsten und Aggressionen für die Kinder in der Krankenhaussituation.
Carbone et al. (2014), USA	34 Jugendliche (22 männlich, 12 weiblich), 25 in 1-Tages-Gruppe, 9 in Online-Programm- Gruppe, im Alter	Verbesserung des psychosozialen Funktionsniveaus; Vermitteln von Techniken zur Veränderung negativer	KVT-basierte Gruppenintervention, Unterteilung in 2 Gruppen: 1. Tagesworkshop (6 Stun-	Jugendliche: Pretest: vor der Intervention (Baseline), Posttest: direkt nach der In-	SDQ: Signifikante Mittelwertsveränderungen der von den Jugendlichen berichteten Werte für prosoziales Verhal-

33

	von 13 bis 17 Jahren, mit Epilepsiediagnose oder medizinisch dokumentierter Anfallserkrankung, und einer Verschreibung eines Antiepileptikums sowie ihre Eltern; Alter bei Beginn der Anfälle: M = 8.0; SD = 4.6 Jahre.	Denkmuster der Jugendlichen.	den) im Krankenhaus, 2. Online- basiertes Programm (1 Stunde/Woche über 6 Wochen, Nutzen von Videokonferenzen), 6 manualisierte Module, Durchführung von 2 geschulten Sozialarbeitern.	tervention, Follow-Up: 4 Monate nach Ende der Intervention; Eltern: Messung vor Intervention und 4 Monate nach Interventionsende; Messinstrumente: Strengths and Difficulties Questionnaire (SDQ; Goodman et al. 2001).	ten über die 3 Messzeitpunkte ($p = .03$); Höhere durchschnittliche Werte für prosoziales Verhalten beim 4-Monats Follow-Up verglichen mit der Baseline-Messung ($p = .03$), keine Angabe von SD; Signifikante Verbesserungen der von den Eltern berichteten Werte für *Total Difficulties* ($p = .003$), *Impact* ($p = .001$), *Peer problems* ($p = .04$) und *Prosocial Behavior* ($p = .003$) der Kinder bei der Follow-Up-Messung verglichen mit der Baseline- Messung.
Creedy et al. (2004), Australien	12 chronisch kranke Kinder und Jugendliche (diagnose-übergreifend), (7 weiblich, 5 männlich) im Alter von 10 bis 13 Jahren (M = 11,2 Jahre) und ein Elternteil (N = 12) meistens Mütter, 2 Gruppen à 6 Kinder.	1. Fördern von adaptivem Coping; 2. Erhöhen von Wohlbefinden und Lebensqualität der Kinder und ihrer Familien; 3. Verringern von psychologischen Stresssymptomen bei Kind und Eltern, Stressprävention; 4. Fördern von Peer- Sup-	KVT-basierte Gruppenintervention, 8 Sitzungen, 1 mal pro Woche, Durchführung des Interventionsprogramms durch multidisziplinäres Team.	Pretest (vor der Intervention) und Posttest (3 Monate nach Intervention), keine Kontrollgruppe; Messinstrumente: Von Eltern ausgefüllt: The Child Behaviour Checklist (6 bis 18 Jahre) (CBCL; Achenbach, 2001), The Family Environment	CSI: Signifikante Verbesserungen im Posttest ($p < .01$) im Vergleich zum Pretest mit einer Effektstärke von $d = .73$; CBCL: Signifikante Verbesserung der Werte für negative Auswirkungen der Erkrankung auf das Funktionieren des Kindes im Posttest, verglichen mit dem Pretest ($p < .05$),

Autor, Jahr, Land	Stichprobe	Ziele	Intervention	Messinstrumente	Ergebnisse
		...port und Krankheitsverständnis.		Scale-Real (FES; Moos & Moos, 1994); Vom Kind ausgefüllt: The Coopersmith Self Esteem Inventory (CSI; Short school form; Coopersmith, 1992), The Revised Manifest Anxiety Scale (RMCAS; Reynolds & Richmond, 1998), The Child Depression Inventory (CDI; Kovacs, 1992).	keine Angaben über Mittelwerte und Standardabweichungen.
van Dijk-Lokkart et al. (2015), Niederlande	30 an Krebs erkrankte Kinder und Jugendliche, die sich noch in Behandlung (Chemotherapie/Bestrahlung) befinden oder bei denen die letzte Behandlung nicht länger als 12 Monate her ist, Alter: 8 bis 18 Jahre (M = 13.0; SD = 3.0 Jahre), 53.3 % männlich, 61.5 % Jugendliche (12 bis 18 Jahre), 30 % noch in Behandlung, 27 Patienten schlossen die Intervention ab, Jahre seit Diagnose: M = 1.07 (SD = 0.11 Jahre).	Verbesserung des psychosozialen Funktionsniveaus; Verbesserung des Umgangs/Copings mit Folgen und Effekten der Erkrankung.	KVT-basierter Ansatz mit psychoedukativen Elementen, 6 Einzelsitzungen mit dem Kind à 60 Minuten alle 2 Wochen, zu Beginn und am Ende des Programms eine Elternsitzung ohne Kind, Manualisierung von Psychoedukation und Übungen, individuelle Zusammensetzung der Themen nach Bedürfnissen, Durchführung der Interventionen von ausgebildeten Psychologen des behandelnden Kinderkrebszent-	Ordnen der Themen nach Bedeutsamkeit durch Patienten und Eltern in erster Sitzung (8 = wichtigste, 1 = unwichtigste); Nach Abschluss der Intervention Rating der Nützlichkeit und Belastung der Intervention durch Patienten auf einer 5- Punkte Skala (1 = gar nicht; 5 = sehr); Bewertung u.a. von Zielen, Interventionsinhalten, Klarheit und Anwendbarkeit des Manuals, Effekte bei Patienten und Bedeutsamkeit der	Themen (1 = wichtigste, 2 = unwichtigste): Patienten: 1. Verbesserung der Selbstwahrnehmung/Selbstbild (M = 5.4; SD = 2.0), 2. Beziehungen und Sexualität (M = 2.8; SD = 2.4); Eltern: 1. Ausdruck von Gefühlen (M = 6.2; SD = 1.9), 2. Beziehungen und Sexualität (M = 2.9; SD = 2.3); Psychologen: 1. Ausdruck von Gefühlen (M = 7.7; SD = 0.8), 2. Beziehungen und Sexualität (M = 2.4; SD = 2.3); Intervention von den Patienten

			rums; Patienten erhielten eigenes Manual mit Themen und Übungen.	Themen auf einer 10- Punkte Skala durch leitende Psychologen.	im Durchschnitt als nützlich bewertet (M = 3.3; SD = 1.0); Psychologen bewerteten Programm als hilfreich für Patienten (M = 7.1; SD = 1.1).
Jantzen et al. (2009), Deutschland	Altersentsprechend entwickelte Kinder und Jugendliche zwischen 6 und 16 Jahren, mit der Diagnose Epilepsie und der Einnahme von Antiepileptika sowie ihre Eltern (Hauptpflegeperson); Interventionsgruppe: 21 Kinder, 8 bis 11 Jahre; 44 Jugendliche 12 bis 16 Jahre; 72 Eltern; Kontrollgruppe: 31 Kinder, 39 Jugendliche, 72 Eltern.	Vermittlung von altersangemessenem Wissen über Epilepsie (Konzeptualisierung von epileptischen Anfällen); Vermittlung individueller Copingstrategien; Fördern der Autonomie des Kindes.	Edukativ- verhaltenstherapeutischer Ansatz, 2 bis 2.5- Tage dauerndes Gruppentrainingsprogramm (14/16 Stunden), Kinder und Eltern separat gruppiert, 2 Trainer (health care professionals) pro Kurs, manualisiert, 7 Themenschwerpunkte.	Multizentrisches (10 Epilepsiezentren), nicht- randomisiertes, zwei Gruppen Pre-/Post- Design, Interventionsgruppe und Wartelisten- Kontrollgruppe; Messzeitpunkte: direkt vor Kursbeginn und 6 Monate nach Kursende; Messinstrumente: Selbstentwickelter Fragebogen zum Epilepsiewissen der Kinder (27 Items), Evaluation der Selbstmanagement Skills und Unabhängigkeitswerte der Kinder mit selbstentwickelten Fremdbeurteilungsfragebögen (durch Eltern), DISABKIDS (Simeoni et al. 2007).	Signifikanter Anstieg des Gesamtwertes für *Epilepsiewissen* bei den Kindern der Interventionsgruppe im Posttest, verglichen mit der Kontrollgruppe ($p < .001$), $d = .78$; Signifikanter Anstieg der Werte für *Epilepsiewissen* für die Skalen *medical aspects* ($p < .001$), $d = .92$, und *seizure triggers* ($p < .05$), $d = .332$ bei Jugendlichen der Interventionsgruppe im Posttest, verglichen mit der Kontrollgruppe; Signifikante Anstieg der von den Eltern berichteten *Selbstmanagement* - Werte ($p < .001$), $d = .7$, *Unabhängigkeits* - Werte in sozialen Aktivitäten ($p < .01$), $d = .8$, *Kommunikations* - Werte auf der Skala *disclosure of epi-*

| Last et al. (2007), Niederlande | 111 Kinder und Jugendliche (52 weiblich, 59 männlich) im Alter zwischen 7.6 und 18.1 Jahren, die an einer chronischen Erkrankung (diagnoseübergreifend) leiden und ihre Eltern, (2 Patienten vervollständigten die Fragebögen bei Messzeitpunkt T0 nicht und wurden von der finalen Analyse ausgeschlossen); Total: N = 109; Häufigste Diagnosen: Chronisch entzündliche Darmerkrankung, Krebserkrankung, | Empowerment; Verbesserung des Selbstwertgefühls und des sozio-emotionalen Funktionierens chronisch kranker Kinder durch Vermittlung einer aktiven Nutzung von Copingstrategien mit den inhaltlichen Schwerpunkten: a) Informationssuche und Mitteilung von Informationen über eigene Erkrankung; b) Nutzung von Entspannungstechniken in Stresssituation; | KVT-basierte Gruppenintervention, 6 Sitzungen, 1 mal pro Woche à 90 Minuten, Einteilung in 3 Altersgruppen: I. Jüngeres Grundschulalter (8 bis 10 Jahre, 13 Kinder), II. älteres Grundschulalter (10 bis 12 Jahre, 39 Kinder), III. Jugendliche auf weiterführenden Schulen (12 bis 18 Jahre, 59 Jugendliche); alle Sitzungen finden im behandelnden Krankenhaus | Keine Kontrollgruppe; 3 Messzeitpunkte: Pre-Treatment (T0), Post-Treatment (T1) (0 bis 6 Wochen nach Treatment), Follow-Up (T2) 6 bis 8 Monate nach Treatment; Messinstrumente: Questionnaire Op Koers (QOK-c, QOK-p; Selbst- und Fremdbeurteilung durch Eltern), Cognitive Control Strategies Scale (CCSS-CF), Child Behavior Checklist (CBCL-prf; Achenbach et al. | QOK-c, QOK-p: Signifikante Verbesserung im Gesamtwert *Interventionsbezogene Outcomes* zu T1 und T2 ($p < .001$), jeweils verglichen mit T0, $d = .60$ zu beiden Messzeitpunkten; CBCL: Signifikante Reduktion der *total problems*-Werte zu T1 ($p < .01$) und T2 ($p < .001$), jeweils verglichen mit T0, $d = -.25$ nach T1 und $d = -.39$ nach T2; SPPA: Signifikant höhere *Global self-worth*-Werte zu T1 ($p < .001$) und zu T2 ($p < .05$), |

lepsy ($p < .001$), $d = .598$ der Kinder der Interventionsgruppe im Posttest, verglichen mit der Kontrollgruppe; DISABKIDS: Signifikanter Verbesserung der Werte für *Lebensqualität* bezogen auf die Skala *social exclusion* der Interventionsgruppe im Posttest, verglichen mit der Kontrollgruppe ($p < .05$), $d = -.22$.

Diabetes; Alter bei Diagnose: 0.0 bis 16.0 Jahre (M = 5.8; SD = 5.1 Jahre).	c) Verbesserung sozialer Kompetenzen; d) Positives Denken.	statt.	1993), Dutch Children's AZL/TNO Quality of life Questionnaire (DUX-25), State-Trait Inventory (STAI-C; Spielberger et al. 1989), Self Perception Profile (SPPC, SPPA; Treffers et al. 2002, Veerman et al. 1997).	verglichen mit T0, d = .52 zu T1 und d = .38 zu T2; DUX-25: Signifikante Verbesserungen der *total functioning*-Werte (p < .01), d = .34, und der *physical functioning*-Werte (p < .01), d = .34 zu T2, verglichen mit T0; STAI-C: Signifikante Reduktion der *Ängstlichkeitswerte* zu T2 (p < .05), verglichen mit T1, d = -.31.
Malboeuf-Hurtubise et al.(2015), Kanada	13 an Krebs erkrankte Jugendliche im Alter von 11 bis 18 Jahren, 7 in der Interventionsgruppe (M = 15.6; SD = 0.9 Jahre, 37.5 % männlich, 62.5 % weiblich), 6 in der Kontrollgruppe (M = 15.3; SD = 2.2 Jahre, 14.3 % mämlich, 85.7 % weiblich), keine Einschränkungen in Bezug auf die Krebsart, Stadium oder Verlauf.	Verbesserung von Schlafqualität, Stimmung und Lebensqualität.	Achtsamkeitsbasierte Gruppenintervention, inhaltliche Adaption der MBI für Erwachsene (Speca et al. 2000) an die jugendliche Zielgruppe, Acht 90- minütige Sitzungen 1 mal pro Woche, tägliches Üben zuhause, Durchführung der Intervention von 2 in MBSR trainierten Therapeuten, manualisiertes Vorgehen, Videoaufnahmen der Sitzungen.	Quasi-experimentelles Pre-Posttest-Design mit 2 nicht-äquivalenten Gruppen (nicht randomisiert), nur Teilnehmer der Experimentalgruppe vervollständigten die 6- Monats Follow-Up Messung; Messinstrumente: Beck Youth Inventories- Depression and Anxiety Scales (Pearson Canada Assessment 2002), Positive and Negative Affect Schedule-Child (PANAS-C;	Keine signifikanten Unterschiede bezogen auf die Variablen *Lebensqualität*, *Schlaf* und *Stimmung* im Vergleich zwischen Interventionsgruppe und Kontrollgruppe.

Studie	Stichprobe	Inhalt/Ziele	Design/Messinstrumente	Ergebnisse
Rau et al. (2006), Deutschland	Kinder mit aktiver Epilepsie im Alter von 8 bis 13 Jahren (unabhängig von Art, Schwere und Dauer der Epilepsie) und deren Eltern sowie Eltern deren Kinder aus unterschiedlichen Gründen selbst nicht teilnehmen konnten; Interventionsgruppe: 55 Eltern und 31 Kinder (13 männlich, 18 weiblich, Alter: M = 10.8; SD = 1.8 Jahre), Alter bei Epilepsiebeginn: M = 5.5; SD = 3.5 Jahre), Wartelistenkontrollgruppe: 48 Eltern und 19 Kinder (7 m, 12 w, Alter: M = 10.3; SD = 1,8 Jahre), Alter bei Epi-	Vermittlung eines angemessenen Verständnisses von Epilepsie; Thematisieren von sozialen und emotionalen Auswirkungen der Epilepsieerkrankung im Kindesalter; Verbesserung der Krankheitsbewältigung (Reduktion von Informationsdefiziten, Verbesserung von Compliance und Selbstmanagement, Austausch von Erfahrungen).	Edukativer Ansatz, ein Schulungstermin in den teilnehmenden Zentren, 9 teilnehmende Einrichtungen, modularer Aufbau, insgesamt 5 Themenbereiche, dem Alter der Kinder angemessen didaktisch aufbereitet, Durchführung durch geschulte Trainer, 4 bis 6 Teilnehmer pro Kindergruppe, bis zu 12 Teilnehmer pro Elterngruppe, Eltern- und Kinderschulung finden parallel statt, thematische Verschränkung miteinander. Kontrolliertes, multizentrisches, prospektives Design, 9 teilnehmenden Zentren, Interventions- und Wartelistenkontrollgruppe wurden zu je 2 Messzeitpunkten untersucht: Interventionsgruppe postalisch vor der Schulung (T1) und 3 Monate danach, Kontrollgruppe zu zwei Zeitpunkten im Abstand von 3 Monaten, Zuteilung konsekutiv; Messinstrumente: Gesundheitsbezogene Lebensqualität: KINDL (Ravens-Sieberer et al. 1998, Watson et al. 1988), Pediatric Cancer Quality of Life Inventory (Varni et al. 1998), Pittsburgh Sleep Quality Index (Buysse et al. 1998), Children and Adolescent Mindfulness Measure (Greco et al. 2011).	Signifikanter Reduktion der epilepsiebezogenen Restriktionswerte auf der Subskala *Restriktion in sozialen Lebensbereichen* in der Interventionsgruppe zu T2 verglichen mit der Kontrollgruppe ($p < .05$), $d = .041$; Signifikante Reduktion der *Anfallsfrequenz* für Kinder in der Interventionsgruppe zu T2 verglichen mit T1 ($p < .05$) (nur Kinder, die zu T1 noch Anfälle hatten), Anfallsfrequenz der Kontrollgruppe veränderte sich nicht statistisch signifikant; Signifikante Reduktion der

lepsiebeginn: M = 5.6; SD = 2.9 Jahre).

Tieffenberg et al. (2000), Argentinien

355 Kinder im Alter von 6 bis 15 Jahren mit mittelgradig bis schwerem Asthma (N = 188) oder Epilepsie (N = 167), zufällige Zuteilung in Interventionsgruppe oder Kontrollgruppe, Interventionsgruppe: Asthma: N= 127, Epilepsie: N = 103, Kontrollgruppe: Asthma: N= 61, Epilepsie: N = 64; Einteilung in Altersgruppen (6 bis 8, 9 bis 12, 13 bis 15 Jahre); von insgesamt 230 Teilnehmern der Interventionsgruppen erschienen 74 nicht.

Verbesserung von Selbstmanagementverhalten, Autonomieverhalten, sozialem Funktionsniveau und Lebensqualität; Erlernen von Präventionsstrategien.

Gruppenintervention, kindzentrierter, konstruktivistischer Trainingsansatz, 5 thematische Schwerpunkte, 5 Sitzungen à 2 Stunden pro Woche mit maximal 10 Kindern pro Gruppe, gleichzeitig stattfindende, voneinander getrennte Kinder- und Elterngruppen in einer Einrichtung außerhalb des Krankenhauses, koordiniert durch 1 bis 2 trainierte Lehrer, Auffrischungssitzung 2 bis 6 Monate nach Interventionsende.

8 bis 12 Jahre, Selbst- und Fremdeinschätzung), weiterer eingesetzter Instrumente sind Eigen- oder Weiterentwicklungen aufgrund von Mangel an standardisierten Epilepsie-Fragebögen für den deutschsprachigen Raum.

Pretest (T0) vor der Intervention und Posttest 6 (T1) und 12 (T2) Monate nach Interventionsende; Messinstrumente: Health Locus of Control Scale (HLCS; Parcel & Meyer, 1978), Sociocultural survey (selbstentwickelt), Probability of gain technique (Colditz et al., 1988), Schulabstinenz (gesunde Tage des Kindes pro 100 Schultage), Klinische Variablen (Krisen, Besuche in Notaufnahme, Krankenhausaufenthalte) im Zeitraum von 6-12 Monaten

Schulfehlzeiten für Kinder in der Interventionsgruppe zu T2 verglichen mit T1 ($p < .05$) (nur Kinder, die zu T1 Schulfehlzeiten aufgrund der Epilepsie angaben), keine signifikante Verringerung in der Kontrollgruppe.

HLCS: Signifikant höhere *Internalitäts*-Werte der Kinder der Interventionsgruppen zu T2 ($p < .01$), verglichen mit den Kindern der Kontrollgruppen; keine Angaben zu M und SD;

Signifikant weniger *Krisen* ($p < .05$) der Kinder in der Asthma-Interventionsgruppe ($d = -.52$) und der Kinder in der Epilepsie-Interventionsgruppe ($d = -.4$) zu T2, verglichen mit den Kindern der Kontrollgruppen;

Signifikante Abnahme der Arztbesuche in der Asthma-Interventionsgruppe ($d = -.23$) und signifikante Abnahme der nach Intervention.

Besuche in der Notfallaufnahme in der Epilepsie-Interventionsgruppe ($d = -.39$) zu T2 (für beide $p < .05$) sowie signifikant höhere Schulpräsenz der Kinder der Interventionsgruppen pro 100 Schultage ($p < .05$), verglichen mit den Kindern der Kontrollgruppen.

4.2.1. Interventionskonzepte für krebskranke Kinder und Jugendliche

Ein Krankenhaus-Spiel-Programm: Hilfe für schwer erkrankte Kinder.

Adams (1976) entwickelte, basierend auf der Beobachtung, dass lange Krankenhaus-aufenthalte für lebensbedrohlich erkrankte Kinder und Jugendliche eine verwirrende, Angst auslösende, stark stressende und zum Teil traumatisierende Erfahrung darstellen können, ein *Spiel-Therapie-Programm* mit dem Ziel, die Kinder und Jugendlichen beim Ausdrücken ihrer Gefühle zu unterstützen sowie sie in der Entwicklung eines besseren Verständnisses ihrer Empfindungen und Gefühle zu fördern. Des Weiteren soll mit Hilfe des Programms die Über-zeugung der Kinder und Jugendlichen, die Krankheit bewältigen zu können (*„sense of mastery"*, Adams, 1976, S. 419), gestärkt, adaptives Verhalten der Betroffenen gefördert, die Ko-operationsbereitschaft der Kinder bezüglich der medizinischen Behandlung gesteigert und soziales Isoliertsein der Betroffenen verringert werden. Das Erlangen eines besseren therapeu-tischen Verständnisses des Kindes als Individuum und im familiären Kontext wird von Adams ebenfalls als Ziel des Interventionsprogramms aufgeführt.

Zielgruppe für die Anwendung des *Spiel-Programms* waren sich im Krankenhaus be-findende Kinder und Jugendliche im Alter von 0 bis 21 Jahren mit meist akuten malignen Erkrankungen. Das Programm wurde von einem geschulten Sozialarbeiter und einer Kran-kenschwester innerhalb des Krankenhauses durchgeführt. Alle Kinder und Jugendlichen, die sich zu dem jeweiligen Zeitpunkt im Krankenhaus befanden (auch Kinder, die erst vor kurzer Zeit operiert wurden), wurden zu den zwei Mal pro Woche stattfindenden Gruppensitzungen eingeladen. Das Gruppensetting wurde, aufgrund der von den Kindern häufig empfundenen Isolationsgefühle während der Krankenhausaufenthalte, präferiert.

Es handelt sich um ein psychoanalytisch ausgerichtetes, fortlaufendes Interventions-programm ohne Stundenbegrenzung, in dem die mit der Hospitalisierung verbundenen Ängs-ten und Phantasien der Kinder und Jugendlichen im Zentrum stehen. Dem Programm liegt die Idee zugrunde, dass das erkrankte Kind über das Spielen die Möglichkeit bekommt, seine mit der Erkrankung und den Hospitalisierungserfahrungen in Zusammenhang stehenden inneren emotionalen Zuständen und zum Teil unbewussten Konflikte auszudrücken und zu verarbei-ten, anstatt sie verleugnen zu müssen oder nur zeitweise lösen zu können. Adams (1976) be-zeichnet das Spiel als die für Kinder natürlichste Art des Umgangs mit Gefühlen von Angst, Wut, Frustration und Enttäuschung. Das Spielen innerhalb des Krankenhaussettings stellt nach Adams (1976) zudem eine Aktivität dar, die die Kinder aus dem Leben außerhalb des Krankenhauses kennen.

Um den erkrankten Kindern und Jugendlichen ein Reinszenieren ihrer Konflikte über das Spiel zu ermöglichen, wurde der Sitzungsraum (Spielzimmer) mit regulärem, medizinischem Krankenhausmaterial (u.a. Stethoskop, Spritzen, Nadeln, OP-Masken und Handschuhe, Blutdruckmessgeräte, Bandagen, Reflexhammer, Tupfer) ausgestattet und ein, dem echten Krankenhaus stark ähnelndes, *Spielzeug-Krankenhaus* angefertigt. Dieses wurde mit kleinen Puppen ausgestattet, die als Patienten, Eltern oder Mitarbeiter des Krankenhauses (Krankenschwestern und Ärzte) gekleidet waren. Während der Gruppensitzungen wurde den Kindern das Material zum Spielen zur Verfügung gestellt. Keine weiteren Anweisungen wurden erteilt. Von jüngeren Kindern wurden in einigen Fällen auch die Eltern eingeladen bei den ersten zwei Sitzungen im Raum mit dabei zu bleiben, um den Kindern das Entwickeln von Vertrauen in die Situation zu erleichtern. Die Gruppenleiter beobachteten während der Sitzungen die Kinder und Jugendlichen im Spielkontext und intervenierten in geeigneten Momenten über Fragen zu oder Deutungen von einzelnen Spielszenen. Häufig spielten sie zunächst auch mit den Teilnehmern gemeinsam. Kinder, die wenig Bereitschaft zum Spielen zeigten, wurden von den Gruppenleitern dazu ermutigt und eingeladen. Die sich mit der Zeit aufbauende therapeutische Beziehung wurde von den Leitern zur Diagnostik und zum Verständnis der emotionalen Lebenswirklichkeit der Kinder sowie für korrigierende Interventionen genutzt. Auch die nonverbale Kommunikation mit den Kindern wird als wichtig genannt.

Einzelfallberichte wurden zur Evaluation der Effektivität des Programms verwendet. Der Autor unterteilte hierbei die Kinder und Jugendlichen in drei Altersgruppen: 1. Kleinkinder (0 bis 3 Jahre), 2. Vorschul- und Grundschulkinder (4 bis 7 Jahre), 3. Kinder im Latenzalter (8 Jahre bis in die Pubertät). Bei Kindern und Jugendlichen aller Altersgruppen konnte ein verbesserter und gesünderer emotionaler Umgang mit ihrer jeweiligen Situation, selbst bei bevorstehendem Tod, beobachtet werden. Insbesondere im Spielverhalten jüngerer Kinder wurde über die Zeit von den Gruppenleitern ein Rückgang der zu Beginn häufig dargestellten Angst vor bestimmten medizinischen Prozeduren (u.a. Spritzen bekommen) beobachtet. Die Kinder entwickelten über das Spiel mit den Puppen einen freundlicheren Umgang mit ihrer jeweiligen Situation (z.B. einer Puppe eine Injektion geben und sie danach tröstend in den Arm nehmen). Bei Kindern im Vorschulalter wurde eine Abnahme von im Spiel geäußerten Aggressionen und eine zunehmende Verbalisierung ihrer Ängste berichtet. Die Kinder suchten mit zunehmender Sitzungsanzahl verstärkt von sich aus das Gespräch mit den Gruppenleitern. Bei einigen adoleszenten Jugendlichen entwickelte sich über die Zeit das Interesse, stärker im Management ihrer Erkrankung involviert zu werden und ein größeres Krankheitsverständnis entwickeln zu wollen. Das *Krankenhaus-Spiel-Programm* wurde von den befragten

Kindern und Jugendlichen insgesamt als hilfreich und den Krankenhausaufenthalt erleichternd bewertet.

Ein psychosoziales Interventionsprogramm für krebskranke Kinder.

Das in der Studie von van Dijk-Lokkart et al. (2015) beschriebene und evaluierte psychosoziale Interventionsprogramm wurde für die Arbeit mit krebskranken Kindern und Jugendlichen, die sich noch in medizinischer Behandlung (Bestrahlung/Chemotherapie) befinden oder bei denen seit der letzten Behandlung nicht mehr als 12 Monate vergangen sind, konzipiert. Programmziele sind die Verbesserung des psychosozialen Funktionsniveaus der Kinder und Jugendlichen sowie ein verbesserter Umgang mit den Folgen der Erkrankung durch die Betroffenen. Inhaltlich kombiniert das Programm kognitiv-verhaltenstherapeutische Techniken mit psychoedukativen Elementen. Das manualisierte Interventionsprogramm wird von geschulten Psychologen des behandelnden Kinderkrebszentrums durchgeführt. Es erstreckt sich über insgesamt zwölf Wochen und umfasst sechs Einzelsitzungen à 60 Minuten mit dem erkrankten Kind oder Jugendlichen sowie zu Beginn und am Ende des Programms eine Elternsitzung ohne das Kind. Die Eltern erhalten in diesen Sitzungen Hintergrundwissen zu den Interventionen und Ratschläge wie sie ihr Kind effektiv bei deren Umsetzung unterstützen können. Außerdem sollen sie die Wirksamkeit des Programms bewerten.

Die an dem Programm teilnehmenden Kinder und ihre Eltern wurden in der ersten Stunde gebeten die thematischen Schwerpunkte des Programms nach der Wichtigkeit (8 = am wichtigsten; 1 = am unwichtigsten) zu ordnen, die diese für sie hatten. Dies sollte eine Zusammensetzung der Themen und Übungen nach den individuellen Bedürfnissen der Patienten ermöglichen. Die am wichtigsten eingestuften Themen bekamen die meiste Aufmerksamkeit während der Sitzungen.

Mögliche Themen des Programms waren (1) die Verbesserung der Selbstwahrnehmung und des Glaubens an sich selbst sowie das Ausdrücken positiver Charaktereigenschaften mit der Übung positive Gedanken über sich selbst zu äußern, (2) das Ausdrücken von Gefühlen und das Auseinandersetzen mit den Basisemotionen Angst, Wut, Freude und Trauer sowie das Thematisieren des Zusammenhangs zwischen Gefühlen, Gedanken und Verhalten, (3) der Umgang mit (nicht-) krankheitsspezifischen schwierigen Situationen und das Üben von Entspannungstechniken, (4) mögliche Veränderungen im sozialen Kontakt mit Peers (Sexualität und Beziehungen), (5) mögliche Veränderungen in der Beziehung zu den Eltern und Geschwistern und (6) das Auseinandersetzen mit der eigenen Zukunft. Zudem sollten die Patienten die Intervention nach Abschluss bezüglich der Aspekte Nützlichkeit und Belastung (1

= gar nicht; 5 = sehr) bewerten. Die leitenden Psychologen bewerteten die Intervention in den Kategorien Ziele, Inhalte, Klarheit und Anwendbarkeit, Effekte bei Patienten und Bedeutsamkeit der Themen auf einer 10-Punkte Skala.

Die Auswertung zeigte, dass die Patienten die *Verbesserung der Selbstwahrnehmung und des Selbstbildes* als für sie am wichtigsten einstuften (M = 5.4; SD = 2.0). Das Thema *Beziehung und Sexualität* bewerteten sie als ihnen am unwichtigsten (M = 2.8; SD = 2.4). Die Eltern bewerteten das Thema *Ausdruck von Gefühlen* als für die Kinder und Jugendlichen am bedeutsamsten (M = 6.2; SD = 1.9) und das Thema *Sexualität und Beziehungen* als am unwichtigsten (M = 2.9; SD = 2.3). Die leitenden Psychologen stuften das Thema *Ausdruck von Gefühlen* als für die Kinder am wichtigsten ein (M = 7.7; SD = 0.8) und bewerteten *Beziehungen und Sexualität* als unwichtigstes Thema (M = 2.4; SD = 2.3). Insgesamt wurde die Intervention von den Patienten als nützlich bewertet (M = 3.3; SD = 1.0). Zwei jüngere Patientinnen (12.4 und 14.0 Jahre) empfanden die Entspannungsübungen als zu kindisch. Ein Jugendlicher (16.2 Jahre) fragte nach zusätzlichen Sitzungen mit den Psychologen und ein anderer Patient (12.6 Jahre) schlug ein wöchentliches Stattfinden der Sitzungen zur Programmverbesserung vor. Die leitenden Psychologen schätzten das Programm als für die Patienten hilfreich ein (M = 7.1; SD = 1.1). Verbesserungsvorschläge der Psychologen beinhalteten das vermehrte Durchführen von praktischen Übungen, eine Verkürzung der psychoedukativen Phasen, die Reduktion der Themen insgesamt, das verstärkte Beschäftigen mit dem Zusammenhang von Gefühlen, Gedanken und Verhaltensweisen, das Einführen einer zusätzlichen Elternsitzung nach der Hälfte des Programms und das verstärkte Thematisieren der Ängsten der Kinder vor einem Rückfall und vor dem Verlust von eigenen Fähigkeiten und Funktionen.

Ein achtsamkeitsbasiertes Meditationsprogramm für krebskranke Jugendliche.

Das in der Studie von Malboeuf-Hurtubise et al. (2015) beschriebene Interventionsprogramm richtet sich an krebskranke Jugendliche im Alter von 11 bis 18 Jahren. Ziel der Intervention ist eine Verbesserung der Schlafqualität, der Stimmung und der allgemeinen Lebensqualität der Jugendlichen. Die achtsamkeitsbasierten Interventionen finden im Gruppensetting statt und werden von zwei in MBSR (Mindfulness Based Stress Reduction) nach Kabat Zinn ausgebildeten Therapeuten geleitet. Die Inhalte der über acht Wochen einmal wöchentlich stattfindenden 90-minütigen Sitzungen sind manualisiert. Zudem bekommen die Jugendlichen die Aufgabe täglich zu Hause zu üben.

Die *erste* Sitzung beinhaltete das Kennenlernen der Kursregeln. Zudem werden die Jugendlichen gebeten, sich selbst vorzustellen und den anderen Teilnehmern ihre Erwartungen und Intentionen bezüglich der Teilnahme zu nennen. Danach folgt eine Einführung in die Praxis des achtsamen Essens. Die *zweite* Sitzung beginnt mit einer Body-Scan-Meditation, gefolgt von einem Vortrag zum Zusammenhang von Gedanken, Körperempfindungen und Verhalten und dem Erleben von Emotionen und Stress. Danach folgt eine Gruppendiskussion über Möglichkeiten des achtsamen Durchlebens von Schmerz. Die *dritte* Sitzung beinhaltet eine Atemmeditation, die Einführung in achtsames Sitzen und das Kennenlernen von Yoga-Übungen. In der *vierten* Sitzung werden Konzepte zur Akzeptanz von Gedanken, Emotionen und Körperempfindungen vorgestellt. Die *fünfte* Sitzung beginnt mit einer Atemmeditation mit dem Fokus auf Gedanken und Bewertungen. Das Nutzen aller Sinne bei der Wahrnehmung von dem was gerade ist wird thematisiert. In der *sechsten* Sitzung bekommen die Jugendlichen eine Einführung in die Herzensgütemeditation, gefolgt von einer Gruppendiskussion über Selbstfürsorge. Abschließend findet eine kurze Meditation im Sitzen statt mit dem Fokus auf Mitgefühl und Akzeptanz. Die *siebte* Sitzung beginnt mit einer *Bergmeditation*. Danach sollen die Jugendlichen in der Gruppe über das Thema Werte diskutieren. In der *achten* Sitzung lernen die Jugendlichen eine Gehmeditation kennen. Zum Abschluss soll Feedback zur Intervention gegeben werden. Das Verteilen eines Kieselsteins soll die Jugendlichen an die Intervention erinnern.

Zur Evaluation der Wirksamkeit des Interventionskonzeptes wurde ein quasiexperimentelles Pre- (Messung vor der Intervention) Posttest (Messung direkt nach dem Interventionsende) Design mit zwei nicht äquivalenten, nicht randomisierten Gruppen (Interventionsgruppe und Kontrollgruppe) verwendet. Ausschließlich Teilnehmer der Interventionsgruppe vervollständigten zusätzlich die Follow-Up Messung nach sechs Monaten.

Die Auswertung der Fragebogenergebnisse ergab keine signifikanten Unterschiede bezogen auf die erhobenen Variablen *Lebensqualität*, *Schlafqualität* und *Stimmung* im Vergleich zwischen Interventionsgruppe und Kontrollgruppe. Als positive Erfahrung nannten 12 von 13 Jugendlichen das offene Sprechen über Emotionen und gemachte Krankheitserfahrungen im Peer-Group-Setting. Die Jugendlichen berichteten, die geschützte, akzeptierende Atmosphäre dabei als hilfreich empfunden zu haben. Alle Jugendlichen bewerteten Achtsamkeit als hilfreiche Technik Emotionen zu identifizieren und mit Stress in der Schule umzugehen. Ein Teilnehmer berichtete davon, dass ihm Achtsamkeit vor allem beim Umgang mit Stress und starken Affekten vor medizinischen Behandlungen helfe.

4.2.2. Interventionskonzepte für Kinder und Jugendliche mit Epilepsie

Ein kognitiv-verhaltenstherapeutisches Gruppeninterventionsprogramm zur Verbesserung der psychischen Gesundheit von Jugendlichen mit Epilepsie.

Motiviert, unter anderem von der Beobachtung, dass Jugendliche mit einer Epilepsieerkrankung deren Beginn in der Kindheit der Betroffenen lag, häufig über eine geringe soziale Angepasstheit und wenige soziale Kompetenzen verfügen, entwickelte und evaluierte die Arbeitsgruppe um Loretta Carbone (2014) ein kognitiv-verhaltenstherapeutisch orientiertes Gruppeninterventionsprogramm mit dem Ziel, das psychosoziale Funktionsniveau der betroffenen Jugendlichen zu verbessern.

Das Interventionsprogramm wurde von zwei geschulten Sozialarbeitern durchgeführt und beinhaltet sechs manualisierte Module. Diese wurden den Jugendlichen entweder während eines Tagesworkshops mit einer Gesamtdauer von sechs Stunden, oder in einem onlinebasierten Programm (eine Stunde pro Woche über einen Zeitraum von sechs Wochen) mittels Videokonferenzen, vermittelt. Die thematischen Inhalte der Module sind (*1*) die Vermittlung von Fakten über Epilepsie (u.a. Definition, Auftretenshäufigkeit, Ursachen und Behandlungsmöglichkeiten, Mythen über die Erkrankung sowie Erste-Hilfe-Verhalten bei Anfällen), (*2*) Emotionsmanagement bzw. das Auseinandersetzen mit eigenen Gefühlen (u.a. Thematisieren des Zusammenhangs zwischen Gefühlen, Gedanken und Verhalten und der Auswirkungen von Stress auf die eigene Gesundheit, Stressmanagement und Entspannungstechniken), (*3*) das Auseinandersetzen mit den eigenen Gedankenmustern (u.a. Identifikation automatischer Gedanken, Bewusstmachen, dass Gefühle bestimmte Körperreaktionen auslösen können), (*4*) Denkfallen (u.a. Umformen negativer Gedanken), (*5*) Hilfreiche Verhaltensweisen (u.a. Copingstrategien, um negative Denkmuster zu hinterfragen und zu verändern), (*5*) Skills-Training (u.a. Kommunikationstraining, Lernen von Möglichkeiten die eigene Erkrankung den Peers mitzuteilen). Der Hauptfokus der Intervention liegt auf der Veränderung negativer Denkmuster der betroffenen Jugendlichen.

Zur Evaluation der Wirksamkeit der Intervention nutzten Carbone et al. (2014) den *Strength and Difficulties Questionnaire* (SDQ; Goodman et al. 2001). Die Jugendlichen bearbeiteten den Fragebogen vor der Intervention (Baseline), direkt nach der Intervention (Posttest) und vier Monate nach Interventionsende. Die Eltern der Jugendlichen erhielten zur Beurteilung von Veränderungen im Erleben und Verhalten der Kinder den gleichen Fragebogen vor Interventionsbeginn und vier Monate nach Interventionsende.

Die Auswertung zeigte signifikante Mittelwertsveränderungen über die drei Mess-zeitpunkte in den von den Jugendlichen berichteten Werten für *prosoziales Verhalten* ($p = .03$) sowie signifikant höhere durchschnittliche Werte der Jugendlichen für *prosoziales Verhalten* in der Follow-Up Messung, verglichen mit der Baseline Messung ($p = .03$). Außerdem ergab die Auswertung der Elternfragebögen, dass diese bei ihren Kindern eine signifikante Verbesserung bezüglich der Werte für *Total Difficulties* ($p = .003$), *Impact* ($p = .001$), *Peer Problems* ($p = .04$) und *Prosocial Behavior* ($p = .003$) zum Zeitpunkt der Follow-Up-Messung, verglichen mit der Baseline-Messung, wahrnahmen.

„Flip & Flap" – Ein Trainingsprogramm für an Epilepsie erkrankte Kinder und Jugendliche und ihre Eltern.

Das in der Studie von Jantzen et al. (2009) evaluierte Trainingsprogramm richtet sich an altersentsprechend entwickelte Kinder und Jugendliche zwischen 6 und 16 Jahren, die zum Zeitpunkt der Teilnahme regelmäßig Antiepileptika einnahmen. Ziel des Programms ist die Vermittlung von altersangemessenem Wissen über die Epilepsieerkrankung sowie von hilf-reichen Copingstrategien. Außerdem soll das Autonomieverhalten der Kinder und Jugendli-chen gefördert werden.

Das Gruppentrainingsprogramm ist psychoedukativ-verhaltenstherapeutisch ausge-richtet und findet über einen Zeitraum von zwei bis zweieinhalb Tagen (14 bzw. 16 Stunden) als kontinuierliche Sitzung statt. Kinder- und Elterngruppen laufen getrennt voneinander ab und werden von jeweils zwei Trainern geleitet. Die folgenden sieben Themenschwerpunkte bilden den Inhalt des Programms: (*1*) Förderung von Krankheitswissen und-verständnis durch die Vermittlung von altersgemäßen Informationen zur Pathophysiologie und Behandlung der Epilepsieerkrankung, (*2*) Besprechen von krankheitsbezogenen Emotionen wie Angst, Schuld und Scham sowie das Diskutieren von Copingstrategien und emotionalen Ressourcen, (*3*) Förderung der Kommunikation zwischen den betroffenen Kindern und Jugendlichen und ih-ren Eltern bzw. medizinischen Betreuern, (*4 und 5*) Unterstützung der Kinder und Jugendli-chen bei der Übernahme von Verantwortung für sich selbst und bei der Entwicklung eines unabhängigeren Krankheitsmanagementverhaltens; Entgegenwirken der elterlichen Tendenz zu überprotektivem Verhalten, (*6*) Hinterfragen der eigenen Erwartungen in Bezug auf soziale Stigmatisierung, Unterstützung eines offenen Umgangs mit der Erkrankung und der Teilnah-me an sozialen Aktivitäten sowie (*7*) Klären von Fragen der Eltern bezüglich Entwicklungs- und Verhaltensschwierigkeiten der Kinder und Vermittlung weiterer Diagnostik- bzw. Unterstützungsmöglichkeiten. Ein verstärkter Fokus wurde auf die Unterstützung der Kinder und Jugendlichen bei der Konzeptualisierung ihrer epileptischen Anfälle gelegt.

Zur Evaluation der Wirksamkeit wurde ein multizentrisches, nicht-randomisiertes, zwei Gruppen Pre- Posttest Design gewählt. Neben der Interventionsgruppe gab es eine Kontrollgruppe, die keinen Input erhielt. Die Kinder und Jugendlichen beider Gruppen sowie ihre Eltern wurden direkt vor Kursbeginn und sechs Monate nach Kursende mittels Fragebögen (siehe *Tabelle II)* untersucht. Die Ergebnisse für Kinder (bis 11 Jahren) und Jugendliche (12 bis 16 Jahre) wurden getrennt voneinander berichtet.

In dem von den Autoren der Studie selbstentwickelten Fragebogen zum Epilepsiewissen zeigte sich bei den Kindern der Interventionsgruppe ein signifikanter Anstieg im *Gesamtwert für Epilepsiewissen* im Posttest, verglichen mit der Kontrollgruppe ($p < .001$, $d = .78$). Bei den Jugendlichen der Interventionsgruppe zeigte sich im selben Fragebogen ein signifikanter Anstieg der Werte auf den Skalen *medical aspects* ($p < .001$, $d = .92$) und *seizure triggers* ($p < .05$, $d = .332$) nach der Intervention, verglichen mit der Kontrollgruppe. Im von den Autoren entwickelten Fremdbeurteilungsfragebogen (durch Eltern ausgefüllt) zum Selbstmanagement- und Unabhängigkeitsverhalten der Kinder und Jugendlichen zeigte sich bei den Kindern der Interventionsgruppe ein signifikanter Anstieg der Werte für *Selbstmanagement* ($p < .001$, $d = .7$), *Unabhängigkeit in sozialen Aktivitäten* ($p < .01$, $d = .8$) und *Kommunikation* auf der Skala *disclosure of epilepsy* ($p < .001$, $d = .598$) im Posttest, verglichen mit der Kontrollgruppe. Im DISABKIDS zeigte sich für die Kinder sowie für die Jugendlichen der Interventionsgruppe eine signifikante Verbesserung der *Lebensqualitäts*-Werte bezogen auf die Skala *social exclusion* ($p < .05$, $d = -.22$) im Posttest, verglichen mit der Kontrollgruppe.

„FAMOSES" – Ein modulares Schulungsprogramm für Kinder mit Epilepsie.

Das Schulungsprogramm *„FAMOSES"* wurde für Kinder mit aktiver Epilepsie im Alter von 8 bis 13 Jahren und deren Eltern konzipiert (vgl. Rau et al. 2006).

Ziele des Programms sind die Vermittlung eines dem Alter des Kindes angemessenen Verständnisses von Epilepsie, das Thematisieren von sozialen und emotionalen Auswirkungen der Epilepsieerkrankung im Kindesalter sowie die Verbesserung der kindlichen Krankheitsbewältigung in Form einer Reduktion von Informationsdefiziten und einer Verbesserung der Compliance und des Selbstmanagement. Zudem soll der Austausch von Erfahrungen gefördert werden.

Das Programm ist edukativ ausgerichtet, umfasst einen Schulungstermin in den teilnehmenden Zentren und wird von ausgebildeten Trainern in Kleingruppen mit vier bis sechs Kindern durchgeführt. Die Elternschulung findet parallel zu den Kindergruppen statt.

Die Inhalte der folgenden fünf Themenbausteine werden im Verlauf der Schulung interaktiv mit den Kindern und ihren Eltern besprochen: (*1*) Basiswissen zur Erkrankung (u.a. Definition und Häufigkeit von Epilepsien; Gefühle, die mit der Krankheit verbunden sein können; Einfluss der Epilepsie auf das Leben; Regeln bei Anfällen; Was passiert bei Anfällen im Gehirn?; Ursachen für Epilepsie), (*2*) Diagnostik (u.a. Anfallserleben; Anfallsbeobachtung; ärztliche Untersuchungen), (*3*) medikamentöse und additive Therapiemöglichkeiten (u.a. Behandlungsziele; Medikamente und deren Weg durch den Körper; Was kann selbst getan werden?), (*4*) Prognose und (*5*) Leben mit Epilepsie (u.a. Wie können Mitmenschen über die eigene Epilepsieerkrankung aufgeklärt werden?).

Der Inhalt der genannten Programmbausteine soll den Kindern mit Hilfe der Metapher einer *Entdeckungsreise per Schiff* altersgerecht vermittelt werden. Die Kinder gehen gemeinsam als Matrosen auf Seereise, mit dem Ziel das Kapitänspatent (Bestätigung über umfangreiches Wissen zur Erkrankung und zu Copingstrategien zu verfügen) zu erlangen.

Zur Überprüfung der Wirksamkeit des Programms wurde ein kontrolliertes, multizentrisches, prospektives Design verwendet. Die teilnehmenden Kinder und ihre Eltern wurden konsekutiv einer Interventionsgruppe oder einer Wartelistenkontrollgruppe zugeteilt und zu zwei Messzeitpunkten (T1: vor der Schulung; T2: drei Monate nach dem Schulungstermin) mittels Fragebögen (siehe *Tabelle II*) befragt.

Die Auswertung zeigte in den von den Autoren selbst- oder weiterentwickelten epilepsiespezifischen Fragebögen bei den Kindern der Interventionsgruppe eine signifikante Reduktion der *epilepsiebezogenen Restriktionswerte* auf der Subskala *Restriktion in sozialen Lebensbereichen* zu T2, verglichen mit der Kontrollgruppe ($p < .05$, $d = .041$). Außerdem wurde eine signifikante Reduktion der *Anfallsfrequenz* bei den Kindern der Interventionsgruppe zu T2 verglichen mit T1 nachgewiesen ($p < .05$). Hierbei wurden nur Kinder betrachtet, die zu T1 noch Anfälle hatten. In der Kontrollgruppe zeigten sich keine signifikanten Veränderungen in der Anfallsfrequenz. Auch die *Schulfehlzeiten* der Kinder in der Interventionsgruppe reduzierten sich signifikant von T1 zu T2 ($p < .05$). Es wurden wiederum nur Kinder betrachtet, die zu T1 Schulfehlzeiten aufgrund der Epilepsie angaben. In der Kontrollgruppe konnten keine signifikanten Veränderungen in diesem Bereich nachgewiesen werden.

4.2.3. Diagnoseübergreifende Interventionskonzepte für chronisch kranke Kinder

„CAPS" (Children and Parent Support) – Ein intensives Interventionsprogramm für chronisch kranke Kinder.

Das kognitiv-verhaltenstherapeutisch orientierte Gruppeninterventionsprogramm von Creedy et al. (2004) richtet sich an chronisch kranke Kinder und ihre Eltern. Ziele des Programms sind die Förderung von adaptivem Copingverhalten der erkrankten Kinder, die Verbesserung des Wohlbefindens und der Lebensqualität der Kinder und ihrer Familien, die Verringerung von psychischen Stresssymptomen beim Kind und bei den Eltern sowie die Förderung von Peer-Support und Krankheitsverständnis. Das Programm umfasst acht einmal pro Woche stattfindende Sitzungen, die von einem multidisziplinären Team geleitet werden.

Thematische Schwerpunkte der Sitzungen sind: (*1*) Kennenlernen der Teilnehmer untereinander und Austausch über die eigene Erkrankung, (*2*) sich selbst gut fühlen; Entwicklung von Bewusstsein für eigene Stärken; Überlegen, was Selbstvertrauen ist und welche Strategien es gibt um, sich selbst besser zu fühlen, (*3)* Thematisieren und Identifizieren von Gefühlen; Identifikation von Copingstrategien für den Umgang mit unangenehmen Emotionen, (*4*) Zusammenhang zwischen Gedanken, Gefühlen und Verhalten; Technik des Selbstgesprächs, (*5*) Identifizieren und Infragestellen von nicht hilfreichen Denkmustern; Entwickeln von alternativen Gedanken, um sich in schwierigen Situationen besser fühlen zu können und (*6*) Skills für die Kommunikation mit anderen.

An der Pilotstudie zur Evaluation der Wirksamkeit des Programms von Creedy et al. (2004) nahmen insgesamt 12 Kinder im Alter von 10 bis 13 Jahren sowie deren Eltern (meist die Mütter) teil. Die Teilnehmer wurden mittels Fragebögen (siehe *Tabelle II*) vor und drei Monate nach der Intervention untersucht. Eine Kontrollgruppe gab es in dieser Studie nicht.

Die Auswertung zeigte im Posttest bei den Kindern eine signifikante Verbesserung der Werte im CSI, verglichen mit dem Pretest ($p < .01$, $d = .73$). In der CBCL zeigte sich eine signifikante Verbesserung der Werte für *negative Auswirkungen der Erkrankung auf das Funktionieren des Kindes* im Posttest, verglichen mit dem Pretest ($p < .05$).

Das „O.K.-Programm"- Eine psychoedukative Gruppenintervention für chronisch kranke Kinder und Jugendliche.

Das von der Arbeitsgruppe Last et al. (2007) evaluierte Gruppeninterventionsprogramm wurde für die Behandlung chronisch kranker Kinder und Jugendlicher entwickelt und basiert auf kognitiv-verhaltenstherapeutischen und psychoedukativen Elementen. Die insgesamt sechs Sitzungen haben eine Dauer von jeweils 90 Minuten und finden einmal pro Woche im behandelnden Krankenhaus statt.

Als Ziel des Programms wird eine Verbesserung des Selbstwertgefühls und des sozio-emotionalen Funktionierens der Kinder und Jugendlichen durch die Vermittlung einer aktiven Nutzung adaptiver Copingstrategien genannt. Thematische Schwerpunkte der Sitzungen sind: (*1*) Informationssuche und Mitteilung von Informationen über die eigene Erkrankung, (*2*) Nutzung von Entspannungstechniken in Stresssituationen, (*3*) Verbesserung sozialer Kompetenzen, (*4*) positives Denken, Vermittlung des Zusammenhangs zwischen Gedanken, Gefühlen und Handlungen; Identifikation negativer Denkmuster und (*5*) Bewusstmachen eigener Ressourcen. Gruppendiskussionen, Videoaufzeichnungen und Rollenspiele werden als didaktische Elemente genutzt. Auch das Thema *anders sein* wird diskutiert.

Insgesamt 111 Kinder und Jugendliche und deren Eltern nahmen an der Studie von Last et al. (2007) teil. Es gab drei Messzeitpunkte (T0: vor der Intervention, T1: 0 bis 6 Wochen nach dem Interventionsende, T2: 6 bis 8 Monate nach dem Interventionsende), zu denen die Teilnehmer mit Hilfe von Fragebögen (siehe *Tabelle II*) befragt wurden. Eine Kontrollgruppe gab es nicht.

Bei den Kindern und Jugendlichen zeigte sich zu T1 und T2 im QOK-c und QOK-p eine signifikante Verbesserung im Gesamtwert *Interventionsbezogene Outcomes*, jeweils verglichen mit T0 ($p < .001$, $d = .60$ zu beiden Messzeitpunkten). In der CBCL konnte eine signifikante Reduktion der Werte für die Skala *total problems* zu T1 ($p < .01$, $d = -.25$) und T2 ($p < .001$, $d = -.39$), jeweils verglichen mit T0, nachgewiesen werden. Im SPPA zeigten sich bei den Teilnehmern signifikant höhere Werte für die Skala *global self worth* zu T1 ($p < .001$, $d = .52$) und zu T2 ($p < .05$, $d = .38$), jeweils verglichen mit T0. Im DUX-25 zeigte sich eine signifikante Verbesserung der Werte für die Skalen *total functioning* und *physical functioning* (jeweils $p < .01$, $d = .34$) zu T2 verglichen mit T0. Im STAI-C konnte eine signifikante Reduktion der *Ängstlichkeitswerte* der Kinder und Jugendlichen zu T2 ($p < .05$, $d = -.31$), verglichen mit T1, gezeigt werden.

4.2.4. Intervention für Kinder und Jugendliche mit Asthma oder Epilepsie

Ein kindzentriertes Selbstmanagement-Trainingsmodell für Kinder mit Asthma oder Epilepsie.

Das von Tieffenberg et al. (2000) entwickelte Trainingsprogramm wurde für Kinder mit einer mittelgradig bis schweren Asthma- oder Epilepsieerkrankung konzipiert und findet in Gruppen mit maximal zehn Kindern statt. Elterngruppen werden parallel durchgeführt. Ziel des Programms ist die Verbesserung des Selbstmanagement- und Autonomieverhaltens sowie des sozialen Funktionsniveaus und der Lebensqualität der betroffenen Kinder. Zudem wird das Erlernen von Präventionsstrategien angestrebt.

Das Trainingsmodell folgt der konstruktivistischen Idee, dass das Kind durch das Kennenlernen von Verhaltensalternativen, aus denen es wählen kann, in die Lage versetzt wird, sich ein autonomes Verhaltensmodell zu schaffen, das in Übereinstimmung mit seinen gesundheitsbezogenen Werten steht. Die Betrachtung des Kindes als autonomes Individuum bildet die Basis des Programms. Die Kinder werden darin trainiert, eine führende Rolle im Management ihrer eigenen Gesundheit einzunehmen, während die Eltern lernen, wie sie ihre Kinder dabei unterstützen können. Die Ärzte offerieren den Kindern Verhaltensalternativen und stehen ihnen als Berater zur Verfügung.

Das Trainingsprogramm wird von ausgebildeten Lehrern in Einrichtungen außerhalb des Krankenhauses (z.B. in Schulen) geleitet und beinhaltet die folgenden fünf thematischen Schwerpunkte: (*1*) medizinische Informationen über Asthma und Epilepsie, Identifizieren von Körper- und Frühwarnsignalen, (*2*) Vermittlung von Strategien zur Aufrechterhaltung eines ausgeglichenen gesundheitlichen Zustandes, Identifikation eigener Trigger, (*3*) Verbesserung des Behandlungsverständnisses und Kennenlernen von Therapiealternativen, (*4*) Vermittlung von adaptiven Strategien im Umgang mit Risikosituationen, Identifikation von Risiken und (*5*) Unterstützung der Kinder bei der Entwicklung von Strategien zum Treffen von Entscheidungen, die mit ihren eigenen gesundheitsbezogenen Werten übereinstimmen.

Insgesamt 281 Kinder im Alter von 6 bis 15 Jahren nahmen an der Evaluationsstudie teil. Die Teilnehmer wurden zufällig der Interventions- oder der Kontrollgruppe (jeweils getrennte Gruppen für Asthma und Epilepsie) zugeteilt und zu drei Messzeitpunkten mittels Fragebögen untersucht (siehe *Tabelle II*). Zudem wurden aufgezeichnete klinische Variablen ausgewertet.

Die Kinder beider Interventionsgruppen zeigten in der Health Locus of Control Scale (Parcel und Meyer, 1978) auf der Skala *Internalität* zu T2 (12 Monate nach Interventionsende) signifikant höhere Werte, verglichen mit den Kontrollgruppen ($p < .01$). Sowohl die Kinder in der Asthma-Interventionsgruppe ($p < .05$, $d = -.52$) als auch in der Epilepsie-Interventionsgruppe ($p < .05$, $d = -.4$) zeigten eine signifikante Abnahme *erlebter Krisen* im Zeitraum von 12 Monaten nach Interventionsende, verglichen mit den Kontrollgruppen. Außerdem konnte eine signifikante Reduktion der Arztbesuche in der Asthma-Interventionsgruppe ($p < .05$, $d = -.23$) sowie eine signifikante Reduktion von Besuchen in der Notfallaufnahme der Kinder der Epilepsie-Interventionsgruppe ($p < .05$, $d = -.39$) im Zeitraum von 12 Monaten nach Interventionsende, verglichen mit den Kontrollgruppen, nachgewiesen werden. Die Kinder beider Interventionsgruppen wiesen zudem eine signifikant höhere Schulpräsenz pro 100 Schultagen, verglichen mit den Kontrollgruppen, auf ($p < .05$).

5. Diskussion

Ziel und zugrundeliegendes Motiv des vorliegenden Reviews war es, bestehende Forschungsergebnisse zu psychosozialen Belastungen körperlich chronisch kranker Kinder und Jugendlicher zusammengefasst darzustellen sowie eine strukturierte Übersicht über die für diese Zielgruppe bereits existierenden psychosozialen Interventionskonzepte und deren Evaluationsergebnisse aufzuführen.

Die zentralen Fragestellungen dabei waren, welche sich auf die Lebensqualität der Kinder und Jugendlichen bedeutsam auswirkenden psychosozialen Belastungen und Konflikte können identifiziert und welche Schlüsse können daraus für die praktische psychosoziale Beratungsarbeit mit chronisch kranken Kindern und Jugendlichen gezogen werden? Was brauchen chronisch kranke Kinder und Jugendliche und welche bereits bestehenden Interventionskonzepte geben schon hilfreiche Antwort auf einige dieser Bedürfnisse?

Die Befunde der 19 Studien zu Belastungen von chronisch kranken Kindern und Jugendlichen und zu Interventionskonzepten, die im Ergebnisteil des vorliegenden Reviews präsentiert werden, weisen darauf hin, dass, diagnoseübergreifend, der Wunsch *normal* zu sein von fast allen Betroffenen geteilt wird (vgl. Christian & D'Auria, 1997; Elliott et al., 2005; Freeborn et al., 2013; Miller, 1999). Die Kinder und Jugendlichen benennen, als ein ihr Denken und Handeln lenkendes, zentrales Bestreben, die Reduktion von stark belastenden Andersseins-Gefühlen (Christian & D'Auria, 1997). Sie vergleichen sich mit gesunden Gleichaltrigen und nutzen diese zur Beschreibung von Normalität (Elliott et al., 2005). Diese Befunde korrespondieren mit den Ergebnissen eines Reviews von Lambert und Keogh (2015) zu den Lebenserfahrungen von Kindern mit Diabetes, Epilepsie und Asthma.

Insbesondere die, aufgrund des Auftretens von Krankheitssymptomen, des zeitintensiven Krankheitsmanagements und des erhöhten gesundheitlichen Risikos, nur eingeschränkt mögliche Teilnahme an physischen und sozialen Aktivitäten mit Peers sowie die symptombedingt häufig begrenzte akademische Leistungsfähigkeit, stärken bei den Betroffenen die Überzeugung anders zu sein (vgl. Elliott et al., 2005; Freeborn et al., 2013; Miller, 1999; Nicholas et al., 2011; Rhee et al., 2007; Woodgate, 1998). Auch die Abhängigkeit von Medikamenten und medizintechnologischen Geräten ist ein Charakteristikum, das sie von den Peers differenziert. Diese Erfahrungen beeinflussen das Selbstwertgefühl der Kinder und Jugendlichen negativ und lösen in den Betroffenen belastende psychische Schmerzen, u.a. in Form von Traurigkeit, Depressivität, Hoffnungslosigkeit, Frustration und Angst, aus (vgl.

Noyes, 2006; Woodgate, 1998). Die Kinder und Jugendlichen fühlen sich abgetrennt, einsam und isoliert von den gleichaltrigen Peers und ziehen sich häufig sozial zurück.

Das Offenlegen der Tatsache körperlich krank zu sein, ist für viele Kinder und Jugendliche mit der existentiell werdenden Angst vor Verlust und sozialer Ablehnung sowie mit dem starken Erleben von Schamgefühlen verbunden (Christian & D'Auria, 1997; Nicholas et al., 2011). Dies verhindert wiederum eine gute soziale Integration und das Eingehen von Beziehungen zu Gleichaltrigen. Diese Ergebnisse werden u.a. in der Studie von Sentenac, Gavin, Nic Gabhainn, Molcho, Due und Ravens-Sieberer (2013) bestätigt.

In der Arbeit mit den chronisch kranken Kindern und Jugendlichen beschäftigen sich bestehende Interventionskonzepte wie das *O.K.- Programm* von Last et al. (2007) und das *CAPS- Programm* von Creedy et al. (2004) (siehe Ergebnisse) als Antwort auf die genannten Belastungen vor allem mit der Verbesserung der sozialen Kompetenzen der Kinder und Jugendlichen, dem Identifizieren negativer Denkmuster und dem Entwickeln alternativer, hilfreicher Gedanken über sich selbst sowie mit dem Bewusstmachen eigener Stärken und Ressourcen. Bewährt hat sich zudem das Gruppensetting, um den Kindern das in Kontakt kommen mit Gleichaltrigen zu ermöglichen.

Beide Interventionskonzepte wiesen als Ergebnisse eine Verbesserung des Selbstwertgefühls, eine Abnahme von internalisierenden Problemen sowie eine höhere berichtete Lebensqualität und weniger soziale Isolationsgefühle der Kinder und Jugendlichen auf. Das Zugehörigkeitsgefühl zur Gruppe der Gleichaltrigen wurde stark mit Verbesserungen im Selbstwertgefühl assoziiert (vgl. Creedy et al. 2004). Zudem erhöhte die Integration der Eltern in das Programm die Wahrscheinlichkeit, dass die Kinder bis zum Programmende dabei blieben.

Im Hinblick auf die Entwicklung und Durchführung einer psychosozialen Beratung mit chronisch kranken Kindern und Jugendlichen, z.B. im Rahmen des CHROKODIL-Projektes, erscheinen auf Grundlage der oben genannten Befunde, Interventionen als sinnvoll, die eine Verbesserung des Selbstwertgefühls der Betroffenen zum Ziel haben. Der Vergleich mit anderen fällt aus der von den Kindern und Jugendlichen gewählten Perspektive meist für sie nachteilig aus. Der in sozialen Kontexten in den Betroffenen ständig ablaufende Vergleichsprozess stärkt die als defizitär internalisierte Überzeugung anders zu sein und nährt Gefühle von Hoffnungslosigkeit und Verzweiflung. Das Bewusstmachen eigener Ressourcen und Stärken könnte als eine Möglichkeit zur zeitweisen Übernahme einer anderen, funktionaleren Selbstbetrachtung genutzt werden. Antworten auf die Frage: „Welche Fähigkeiten habe ich trotz oder gerade aufgrund meines Andersseins?", könnten die Betroffenen wieder etwas mehr zu sich selbst führen und in ihrem Selbstbewusstsein stärken. Das Erarbeiten von Strategien und Möglichkeiten zur Selbstverwirklichung trotz des Krankseins kann den Betroffenen helfen ein neues, *eigenes* Normalitätsgefühl herzustellen. In diesem Zusammenhang könnte insbesondere ein Gruppensetting mit anderen Betroffenen hilfreich sein. Zudem würde zugleich sozialer Austausch gefördert und Einsamkeitsgefühlen der Betroffenen entgegengewirkt werden.

Die Unvorhersehbarkeit des Auftretens von Krankheitssymptomen ist diagnoseübergreifend bei vielen Kindern und Jugendlichen mit dem wiederholten Erleben von Panikgefühlen, Selbstzweifeln, Erschöpfung, Hilflosigkeit, bis hin zu Todesängsten verbunden (vgl. Elliott et al., 2005; Rhee et al., 2007; Woodgate, 1998). Häufig haben die Betroffenen wenig Vertrauen in sich selbst, mit unerwartet auftretenden Symptomen angemessen umgehen zu können (vgl. Elliott et al., 2005). Die starke Angst vor den Symptomen führt bei den Kindern und Jugendlichen häufig zu einem dauerhaften Präsentsein der Erkrankung (vgl. Rhee et al., 2007). Auch Schuldgefühle, vor allem gegenüber den eigenen Eltern sowie ausgeprägte Zukunftsängste, werden von vielen Kindern und Jugendlichen als weitere belastende Emotionen berichtet (vgl. Elliott et al., 2005; Nicholas et al., 2011; Woodgate, 1998). Die Studie von Carnevale et al. (2006) an langzeitbeatmeten Kindern und ihren Familien kam zu übereinstimmenden Ergebnissen.

Diese Art von Belastungen fokussieren u.a. die Interventionsprogramme von Adams (1976), Jantzen et al. (2009) sowie Rau et al. (2006). Als inhaltliche Schwerpunkte haben sich in diesen Konzepten die Förderung von Krankheitswissen und -verständnis über die Vermittlung von altersgemäßen Informationen zur Pathophysiologie und Behandlung bewährt. Die Kinder und Jugendlichen sollen insbesondere bei der Konzeptualisierung und Einordnung ihrer symptombezogenen Krankheitserfahrungen unterstütz werden. Auch Verhaltensregeln in Notfällen und adaptive Copingstrategien werden besprochen. Die Kinder und Jugendlichen berichteten nach Interventionsende u.a. eine Zunahme an Wissen über die Erkrankung, weniger Einschränkungen in sozialen Lebensbereichen und eine Abnahme der Auftretenshäufigkeit von Symptomen (vgl. Jantzen et al., 2009; Rau et al., 2006).

Zusätzlich hat es sich für die Betroffenen als hilfreich erwiesen, wenn sie krankheitsbezogene Emotionen wie Angst, Wut, Schuld und Scham während der Sitzungen zum Ausdruck bringen konnten. Hierbei hervorzuheben ist das *Spielprogramm* von Adams (1976). Dieser sieht im Spielen die für die Kinder und Jugendlichen natürlichste Form des Umgangs mit ihren krankheitsbezogenen Emotionen. Das Spielen ermöglicht den Kindern eine Reinszenierung und Verarbeitung unbewusster, emotional belastender, krankheitsbezogener Konflikte. Auch die Förderung der Kommunikation zwischen den Kindern und ihren Eltern wird als ein wichtiger Interventionsaspekt gesehen (vgl. Jantzen et al., 2009). Im Programm von Carbone et al. (2014) hat sich neben dem Einüben von Entspannungstechniken das Bewusstmachen des Zusammenhangs zwischen Gefühlen und bestimmten Körperreaktionen als wirksam erwiesen.

Unter Einbezug der berichteten Ergebnisse, erscheint es für die Konzeptentwicklung im CHROKODIL-Projekt sinnvoll einen thematischen Schwerpunkt der Intervention auf den Bereich Psychoedukation und medizinische Krankheitsaufklärung zu legen. Dies könnte auch im Rahmen einer Eltern-Kind-Sitzung geschehen, da die Eltern häufig ebenso wenig über die Erkrankung ihres Kindes aufgeklärt wurden (vgl. Carnevale et al., 2006). Eine u.a. auf nachvollziehbaren medizinischen Fakten beruhende Konzeptualisierung der Krankheitssymptome kann zu einer Entmystifizierung dieser und damit zu einer Abnahme der Angst vor deren Auftreten bei den Betroffenen führen. Auch eine verständliche, ermutigende Beschreibung der Wirkweise von Medikamenten und der daraus resultierenden Verringerung symptombezogener Alltagsrestriktionen, kann bei den Betroffenen den Widerstand gegen das medizinische Krankheitsmanagement verringern und die Motivation für eine gewissenhafte Selbstfürsorge erhöhen. Gerade in der Arbeit mit den kranken Kindern könnte in Anlehnung an das *Krankenhaus-Spielprogramm* von Adams (1976) das Spielen ein wesentliches Element der Interventionen darstellen (siehe Ergebnisse). Nach Winnicott (1974) ist das Kind „beim Spielen und vielleicht nur beim Spielen frei um schöpferisch zu sein" (S. 65). Die Vermittlung von Strategien zum Emotionsmanagement sowie zur Stressprofilaxe in Form von Achtsamkeits- und Entspannungsübungen kann, in Anbetracht des häufig thematisierten Zusammenhangs zwischen Gefühlen, Gedanken und Verhaltensweisen und der Auswirkungen von Stress auf die Gesundheit, für die Betroffenen gerade in hohen Affektzusänden eine hilfreiche Copingstrategie darstellen (vgl. Malboeuf-Hurtubise et al., 2015).

Abschließend zeigen die Ergebnisse des Reviews, dass sich diagnoseübergreifend viele der betroffenen Kinder und vor allem Jugendlichen die Frage nach der eigenen Identität stellen (vgl. Christian & D'Auria, 1997; Elliott et al., 2005; Nicholas et al., 2011). Die Erkenntnis ein Leben lang von der Erkrankung begleitet zu werden, die zum Teil täglich gemachte Erfahrung in extremer Weise von anderen Personen und der Medizintechnologie abhängig zu sein, die häufig begrenzten Möglichkeiten zur Selbstverwirklichung sowie die im zwischenmenschlichen Kontakt immer wieder vermittelt bekommene Botschaft anders zu sein, stellen im Hinblick auf die Entwicklung eines *gesunden*, integrierten Identitätsgefühls für die Betroffenen stark konflikthafte, einschränkende Belastungsfaktoren dar (vgl. Freeborn et al., 2013; Sarvey, 2008).

Elliot et al. (2005) interpretieren das bereits oben beschriebene, häufig bei den Kindern und Jugendlichen beobachtbare, gehemmte soziale Verhalten dahingehend, dass viele Betroffene die Erkrankung noch nicht soweit in ihre Identität integrieren konnten, dass es ihnen möglich ist, sich selbst als intakt und gut genug zu sehen. Gleichzeitig war der Wunsch als eine solche Person von anderen wahrgenommen und akzeptiert zu werden, vielen Kindern und Jugendlichen gemein (vgl. Sarvey, 2008).

Daraus ableitend könnte es in zukünftigen Interventionskonzepten, wie dem CHRO-KODIL-Projekt, für die Betroffenen hilfreich sein, an diesen Integrationsprozessen zu arbeiten. Die Kinder und Jugendlichen müssten in ihrer Differenzierungsfähigkeit unterstützt und gestärkt werden. Damit ist gemeint, dass die Kinder den Unterschied lernen und verinnerlichen zwischen der Tatsache eine schwere chronische Krankheit zu haben und der Überzeugung die Krankheit selber zu sein. Es geht also darum, dass es den Betroffenen möglich wird, die Krankheit als Teil ihrer selbst zu sehen und nicht als etwas, das ihre totale Identität ausmacht.

Die in dem achtsamkeitsbasierten Interventionsprogramm von Malboeuf-Hurtubise et al. (2015) schwerpunktmäßig genutzte Technik der Meditation könnte den Kindern und Jugendlichen, als eine Technik oder Strategie zur Distanzierung und damit auch ein Stück weit zur Entidentifizierung von belastenden Überzeugungen und Emotionen, vermittelt werden. Auch das Trainingsprogramm von Tieffenberg et al. (2000) beschäftigt sich mit dem Thema Identität insofern, dass die Kinder in der Entwicklung eines autonomeren Verhaltensmodells in Bezug auf das Management ihrer eignen Gesundheit unterstützt werden. Nach Interventionsende zeigten die Kinder höhere Internalitätswerte, was darauf hinweist, dass die Betroffenen ihren Gesundheitszustand als stärker von ihnen selbst kontrollierbar und weniger von äußeren Faktoren abhängig einschätzten. Dies kann auch dahingehend interpretiert werden, dass die Kinder sich von der Erkrankung nicht mehr komplett vereinnahmt fühlten, sondern sie als einen kontrollierbaren Teil von sich selbst wahrnahmen.

Demzufolge sind zusammengefasst für die Entwicklung eines Beratungskonzeptes für chronisch kranke Kinder unter Berücksichtigung ihrer spezifischen Belastungen, folgende Themen relevant: *Erstens*: selbstwertsteigernde Maßnahmen, um mit dem Anderssein besser umgehen zu lernen; *Zweitens*: die Förderung des Austauschs zwischen den Betroffenen, um soziale Integration zu ermöglichen und Einsamkeitsgefühlen entgegenzuwirken; *Drittens*: die Förderung von Krankheitswissen und -verständnis um besser mit den Krankheitssymptomen und den damit verbundenen Ängsten umgehen zu können und *Viertens*: die Begleitung und Unterstützung bei der Entwicklung eines Identitätsgefühls, in dem das Kranksein nur einen Teil ausmacht.

5.1. Methodenkritische Überlegungen

Limitationen des vorliegenden Reviews betreffen überwiegend die Studienauswahl. Aufgrund der unzureichenden Studienlage hinsichtlich quantitativer Untersuchungen sowie aus Interesse an der Perspektive des einzelnen Kindes wurde zur Identifikation der Belastungen chronisch kranker Kinder und Jugendlicher ausschließlich Studien mit einem qualitativen Design in das Review aufgenommen. Die subjektiven Äußerungen einer Gruppe einzelner Betroffener stehen somit im Fokus. Ein typisches Charakteristikum qualitativer Studien sind in der Regel ihre geringen Stichprobengrößen. Einige der angeführten Studien befragten weniger als 20 Probanden (vgl. Freeborn et al., 2013; Miller, 1999; Rhee et al., 2007; Sarvey, 2008). Dies erschwert die Generalisierbarkeit der Ergebnisse auf die Gesamtpopulation chronisch kranker Kinder. Allerdings ist hierbei anzumerken, dass durch die studienübergreifende Übereinstimmung einer Vielzahl von Belastungsfaktoren (vgl. Diskussion*)* die Überlegung zulässig wird, dass einige Befunde zumindest mit einer höheren Wahrscheinlichkeit auch in größeren, die Gesamtpopulation besser repräsentierenden, Stichproben wiedergefunden werden könnten.

Auch die Tatsache, dass keine der aufgenommenen Studien beim Berichten der Ergebnisse nach dem Geschlecht der Probanden differenzierte, kann kritisch betrachtet werden. Dabei sind geschlechtsspezifische Unterschiede im Hinblick auf Belastungen wie der Entwicklung eines *gesunden* Identitätsgefühls bei chronisch kranken Kindern durchaus vorstellbar.

Die Tatsache, dass zurzeit insgesamt nur wenige psychosoziale Interventionskonzepte für chronisch kranke Kinder und Jugendliche zur Verfügung stehen, schränkte deren Auswahl von vornherein ein. Die nicht repräsentative Stichprobengröße einiger Interventionsstudien limitiert die Interpretierbarkeit und Generalisierbarkeit ihrer Ergebnisse (vgl. Adams, 1976; Creedy et al., 2004; Malboeuf-Hurtubise et al., 2015; Van Dijk-lokkart et al., 2015). Auch das Fehlen von Kontrollgruppen schränkt die Aussagekraft der Ergebnisse einiger Studien ein (vgl. Carbone et al., 2014; Creedy et al., 2004; Last et al., 2007). Die Mehrzahl der Studien verwendeten kognitiv-verhaltenstherapeutische Interventionsinhalte, nur eine Studie war psychoanalytisch/psychodynamisch ausgerichtet (vgl. Adams, 1976). Diese kann zudem dahingehend kritisiert werden, dass zur Wirksamkeitsevaluation lediglich einzelne Fallberichte verwendet wurden.

5.2. Forschungsausblick

Für zukünftige Forschungsvorhaben wäre es wichtig chronisch kranke Kinder und Jugendliche bezüglich ihrer Resilienzfaktoren und -eigenschaften zu untersuchen, da die meisten Betroffenen trotz schwerer Erkrankung und den damit verbundenen Restriktionen psychisch unauffällig bleiben. Auch die Identifizierung von bereits von den Kindern erfolgreich genutzten, *selbstentdeckten* Copingstrategien, erscheint sinnvoll. Hierbei könnte der Frage nachgegangen werden, in wie fern spirituelle oder religiöse Elemente den Kindern bei der Bewältigung der sie meist ein Leben lang begleitenden Erkrankungen helfen. Zuletzt erscheint es notwendig psychodynamisch orientierte Interventionskonzepte für die Zielgruppe der chronisch kranken Kinder und Jugendlichen zu entwickeln und nach wissenschaftlichem Standard, mit einer repräsentativen Stichprobengröße, zu evaluieren. Dies würde dem Mangel an verfügbaren Konzepten entgegenwirken und einen aussagekräftigeren Vergleich zwischen den verschiedenen theoretischen Ansätzen bezüglich ihrer Wirksamkeit ermöglichen.

6. Literatur

Abraham, A., Silber, T. J., & Lyon, M. (1999). Psychosocial aspects of chronic illness in Adolescents. *Indian Journal of Pediatrics, 50*(6), 318–321.

Abrams, A. N., Hazen, E. P., & Penson, R. T. (2007). Psychosocial issues in adolescents with cancer. *Cancer Treatment Reviews, 33*(7), 622–630.

Achenbach T. M. & Rescorla L. A. (2001). *Manual for the ASEBA School-Age Forms and Profiles.* Burlington VT: University of Vermont, Research Center for Children, Youth and Families.

Adams, M. a. (1976). A hospital play program: helping children with serious illness. *The American Journal of Orthopsychiatry, 46,* 416–424.

Akinbami, L. J., Moorman, J. E., Garbe, P. L., & Sondik, E. J. (2009). Status of Childhood Asthma in the United States, 1980-2007. *Pediatrics, 123,* 131–145.

American Academy of Pediatrics Committee on Children with Disabilities and Committee on Psychosocial Aspects of Child and Family Health. (1993). Psychosocial risks of chronic health conditions in childhood and adolescence. *Pediatrics, 92,* 876–878.

Berntsson, L., Berg, M., Brydolf, M., & Hellström, A. L. (2007). Adolescents' experiences of well-being when living with a long-term illness or disability. *Scandinavian Journal of Caring Sciences, 21*(4), 419–425.

Berntsson, L., & Köhler, L. (2001). Long-term illness and psychosomatic complaints in children aged 2-17 years in the five Nordic countries Comparison between 1984 and 1996. *European Journal of Public Health, 11,* 35–42.

Blum, R. W. (1992). Chronic illness and disability in adolescence. *The Journal of Adolescent Health : Official Publication of the Society for Adolescent Medicine, 13*(5), 364–8.

Buysse, D. J., Reynolds, C. F., Monk, T. H., Berman, S. R., & Kupfer, D. J. (1988). The Pittsburgh Sleep Quality Index: A new instrument for psychiatric practice and research. *Psychiatry Research, 28,* 193-213.

Carbone, L., Plegue, M., Barnes, A., & Shellhaas, R. (2014). Improving the mental health of adolescents with epilepsy through a group cognitive behavioral therapy program. *Epilepsy & Behavior, 39,* 130–134.

Carnevale, F. A., Alexander, E., Davis, M., Rennick, J., & Troini, R. (2006). Daily living with distress and enrichment: the moral experience of families with ventilator-assisted children at home. *Pediatrics, 117*(1), 48–60.

Christian, B. J., & D'Auria, J. P. (1997). The child's eye: memories of growing up with cystic fibrosis. *Journal of Pediatric Nursing, 12*(1), 3–12.

Colditz, C., Miller, J., Mosteller, F. (1988). Measuring gain in the evaluation of medical technology: the probability of a better outcome. *International Journal of Technology Assessment in Health Care, 4*, 637-642.

Coopersmith, S. (1992). *SEI: Self-Esteem-Inventories.* CA.: Palo Alto: Consulting Psychologists Press.

Cotton, S., Grossoehme, D., Rosenthal, S., McGrady, M., Roberts, Y., Hines, J., … Tsevat, J. (2009). Religious/spiritual coping in adolescents with sickle cell disease: a pilot study. *Journal of Pediatric Hematology/Oncology, 31*(5), 313–318.

Creedy, D., Collis, D., Ludlow, T., Cosgrove, S., Houston, K., Irvine, D., … Moloney, S. (2004). Development and evaluation of an intensive intervention program for children with a chronic health condition: a pilot study. *Contemporary Nurse : A Journal for the Australian Nursing Profession, 18*(1-2), 46–56.

Earle, R. J., Rennick, J. E., Carnevale, F. A., & Davis, G. M. (2006). It's okay, it helps me to breathe': the experience of home ventilation from a child's perspective. *Journal of Health Care, 10*(4), 270–282.

Elliott, I. M., Lach, L., & Smith, M. Lou. (2005). I just want to be normal: a qualitative study exploring how children and adolescents view the impact of intractable epilepsy on their quality of life. *Epilepsy & Behavior, 7*(4), 664–78.

Freeborn, D., Dyches, T., Roper, S. O., & Mandleco, B. (2013). Identifying challenges of living with type 1 diabetes: Child and youth perspectives. *Journal of Clinical Nursing, 22*, 1890–1898.

Freitag, C. M., May, T. W., Pfäfflin, M., König, S., & Rating, D. (2001). Incidence of Epilepsies and Epileptic Syndromes in Children and Adolescents: A Population-Based Prospective Study in Germany - Freitag - 2001 - Epilepsia - Wiley Online Library. *Epilepsia, 42*(8), 979–985.

Geist, R., Grdisa, V., & Otley, A. (2003). Psychosocial issues in the child with chronic conditions. *Best Practice and Research in Clinical Gastroenterology, 17*(2), 141–152.

Goodman, R., Scott, S. (1999). Comparing the Strengths and Difficulties Questionnaire and the Child Behavior Checklist: is small beautiful? *Journal of Abnormal Child Psychology, 27*(1), 17–24.

Gortmaker, S. L., & Sappenfield, W. (1984). Chronic childhood disorders: prevalence and impact. *Pediatric Clinics of North America, 31*, 3–18.

Greco, L. A., Bear, R. A., & Smith, G. T. (2011). Assessing mindfulness in children and adolescents: Development and validation of the child and adolescent mindulness measure (CAMM). *Psychological Assessment, 23*(3), 606.

Grolle, B. (2010). *Lebensqualität langzeitbeatmeter Kinder und psychosoziale Situation ihrer Familien in Hamburg. Unpublizierte Dissertation.* Universität Hamburg, Hamburg.

Heaton, J., Noyes, J., Sloper, P., & Shah, R. (2005). Families' experiences of caring for technology-dependent children: A temporal perspective. *Health and Social Care in the Community, 13*(5), 441–450.

Hsia, S., Lin, J., & Huang, I. (2012). Outcome of Long-Term Mechanical Ventilation Support in Children. *Pediatrics and Neonatology, 53*(5), 304–308.

Jantzen, S., Müller-Godeffroy, E., Hallfahrt-Krisl, T., Aksu, F., Püst, B., Kohl, B., … Thyen, U. (2009). FLIP&FLAP-a training programme for children and adolescents with epilepsy, and their parents. *Seizure : The Journal of the British Epilepsy Association, 18*(7), 478–86.

Jardine, E., O'Toole, M., Paton, J., & Wallis, C. (1999). Current status of long term ventilation of children in the United Kingdom: questionnaire survey. *British Medical Journal, 318*, 295–299.

Kim, S. J., & Kang, K. A. (2003). Meaning of life for adolescents with a physical disability in Korea. *Journal of Advanced Nursing, 43*(2), 145–157.

Kovacs, M. (1992). *Child Depression Inventory.* Toronto: ON: Multi-media Health Systems Inc.

Lambert, V., & Keogh, D. (2015). Striving to Live a Normal Life: A Review of Children and Young People's Experience of Feeling Different when Living with a Long Term Condition. *Journal of Pediatric Nursing, 30*(1), 63–77.

Last, B. F., Stam, H., Onland-van Nieuwenhuizen, A.-M., & Grootenhuis, M. a. (2007). Positive effects of a psycho-educational group intervention for children with a chronic disease: first results. *Patient Education and Counseling, 65*, 101–112.

Lavigne, J. V., & Faier-Routman, J. (1992). Psychological adjustment to pediatric physical disorders: A meta-analytic Review. *Journal of Pediatric Psychology, 17*(2), 133–157.

Malboeuf-Hurtubise, C., Achille, M., Muise, L., Beauregard-Lacroix, R., Vadnais, M., & Lacourse, É. (2015). A Mindfulness-Based Meditation Pilot Study: Lessons Learned on

Acceptability and Feasibility in Adolescents with Cancer. *Journal of Child and Family Studies*, 2–11.

  Mcleod, J. S., Austin, J. K. (2003). Stigma in the lives of adolescents with epilepsy: A review of the literature. *Epilepsy & Behavior*, 4, 112–117.

  Miller, S. (1999). Hearing from children. *Journal of Child Health Care*, 3(1), 5–12.

  Moos, R. H. & Moos, B. S. (1994). *A social climate scale: Family environment scale manual development* (3rd ed.). Palo Alto, CA.: Consulting Psychologists Press.

  Nicholas, D. B., Picone, G., & Selkirk, E. K. (2011). The Lived Experiences of Children and Adolescents With End-Stage Renal Disease. *Qualitative Health Research*, 21(2), 162–173.

  Noecker, M. (2013). Kindzentrierte Interventionen bei chronischen Erkrankungen. In M. Pinquart (Ed.), *Wenn Kinder und Jugendliche körperlich chronisch krank sind* (pp. 151–166). Springer-Verlag Berlin Heidelberg.

  Northam, E. a. (1997). Annotation Psychosocial impact of chronic illness in children. *Journal of Paediatric Child Health*, 33, 369–372.

  Noyes, J. (2006). Health and quality of life of ventilator-dependent children. *Journal of Advanced Nursing*, 56(4), 392–403.

  Noyes, J. (2007). Comparison of ventilator-dependent child reports of health-related quality of life with parent reports and normative populations. *Journal of Advanced Nursing*, 58(1), 1–10.

  Parcel, C. S., Meyer, M. P.(1978). Development of an instrument to measure children`s health locus of control. *Health Education Monographs*, 6(2), 149–156.

  Pearson Canada Assessment I. Inventaires Beck Youth - Livret combiné. Canada: Pearson; 2002.

  Pfeiffer, J. P., & Pinquart, M. (2013). Die Realisierung von Entwicklungsaufgaben bei chronisch erkrankten Kindern und Jugendlichen. In M. Pinquart (Ed.), *Wenn Kinder und Jugendliche körperlich chronisch krank sind* (pp. 67–82). Springer-Verlag Berlin Heidelberg.

  Pinquart, M. (2012). Self-esteem of children and adolescents with chronic illness: A metaanalysis. *Child: Care, Health & Development*, 39, 153–161.

  Pinquart, M., & Teubert, D. (2012). Academic, physical and social functioning of children and adolescents with chronic physical illness: A meta-analysis. *Journal of Pediatric Psychology*, 37, 376-389.

Rau, J., May, T. W., Pfäfflin, M., Heubock, D., & Petermann. (2006). Schulung von Kindern mit Epilepsie und deren Eltern mit dem Modularen Schulungsprogramm Epilepsie für Familien (FAMOSES). Ergebnisse einer Evaluationsstudie. *Rehabilitation, 45*, 27–39.

Ravens-Sieberer, U., Bullinger, M. (1998). Assessing health-related quality of life in chronically ill children with the German KINDL: first psychometric and content analytic results. *Quality of Life Research, 7*, 399–407.

Reynolds, C. R. & Richmond, B. O. (1998). R*evised Child Manifest Anxiety Scale (RMCAS)*. Western Psychological Services, Los Angeles CA.

Rhee, H., Wenzel, J., & Steeves, R. H. (2007). Adolescents' Psychosocial Experiences Living with Asthma: A Focus Group Study. *Journal of Pediatric Health Care, 21*(April), 99–107.

Sarvey, S. I. (2008). Living wih a machine: The experience of the child who is ventialtor dependent. *Issues in Mental Health Nursing, 29*, 179–196.

Seiffge-Krenke, I. (2013). Stressbewältigung und Krankheitsmanagement bei chronischer Krankheit in Kindheit und Adoleszenz. In M. Pinquart (Ed.), *Wenn Kinder und Jugendliche körperlich chronisch krank sind* (pp. 33–48). Springer-Verlag Berlin Heidelberg.

Sentenac, M., Gavin, A., Nic Gabhainn, S., Molcho, M., Due, P., Ravens- Sieberer, U. (2013). Peer victimization and subjective health among students reporting disability or chronic illness in 11 Western countries. *European Journal of Public Health, 23*, 421–426.

Simeoni, M. C, Schmidt, S., Muehlan, H., Debensason, D., Bullinger, M. (2007). Field testing of a European quality of life instrument for children and adolescents with chronic conditions: the 37-item DISABKIDS Chronic Generic Module. *Quality of Life Research, 16*(5), 881–93.

Spencer, J. E., Cooper, H. C., & Milton, B. (2013). The lived experiences of young people (13-16 years) with Type 1 diabetes mellitus and their parents - a qualitative phenomenological study. *Diabetic Medicine, 30*(1), 17–24.

Spielberger, C. D. (1989). State-Trait Anxiety Inventory: Bibliogrphy (2nd Edition). Palo Alto, CA: Consulting Psychologists Press.

Taylor, R. M., Gibson, F., & Franck, L. S. (2008). The experience of living with a chronic illness during adolescence: A critical review of the literature. *Journal of Clinical Nursing, 17*(23), 3083–3091.

Tieffenberg, J. A., Wood, E. I., Alonso, A., Tossutti, M. S., & Vicente, M. F. (2000). A randomized field trial of acindes: A child-centred training model for children with chronic illness (asthma and epilepsy). *Journal of Urban Health, 77*(2), 280–297.

Treffers, D. A., Goedhart, A. W., Veerman, J. W., Van den Bergh, B. R. H., Ackaert, L. & De Rycke, L. (2002). *Competentiebelevingsschaal voor adolescen- ten (CBSA). Handleiding (Manual of the self-perception profile for adolescents)*. Lisse: Swets & Zeitlinger, B.V.

Van der Lee, J., Mokkink, L., Grootenhuis, M., Heymans, H., & Offringa, M. (2007). Definitions and Measurement of Chronic Health Condicitons in Childhood - A Systematic Review. *Jama, 297*(24), 2741–2751.

Van Dijk-lokkart, E. M., Braam, K. I., Kaspers, G. J. L., Van Dulmen-dem Broeder, E., Takken, T., Grootenhuis, M. A., … Huisman, J. (2015). Applicability and evaluation of a psychosocial intervention program for childhood cancer patients. *Support Care Cancer, 23*, 2327–2333.

Varni, J. W., Katz, E. R., Seid, M., Quiggins, D. J. L., & Friedman- Bender, A. (1998). The pediatric cancer quality of life inventory- 32-Reliability and validity. *Cancer, 82*(6), 1184–1196.

Veerman, J. W., Straathof, M. A. E., Treffers, D., A., Van den Bergh, B. R. H., Ten Brink, L. T. (1997). Competentiebelevingsschaal voor kinderen (CBSK). Manual (manual of the self-perception scale for children). Lisse: Swets & Zeitlinger, B.V.

Watson, D., Clark, L. A., & Tellegen, A. (1988). Development and validation of brief measures of positive and negative affect: The PANAS scales. *Journal of Personality and Social Psychology, 47*, 1063–1070.

Wiegand-Grefe, S., Halverscheid, S., & Plass, A. (2011). *Kinder und ihre psychisch kranken Eltern. Familienorientierte Prävention - Der CHIMPs-Beratungsansatz*. Hogrefe Verlag GmbH & Co. KG.

Winnicott, D. W. (1974). *Vom Spiel zur Kreativität*. Stuttgart: Klett-Cotta, 65-77.

Woodgate, R. L. (1998). Adolescents' perspectives of chronic illness: "it's hard". *Journal of Pediatric Nursing, 13*(4), 210–223.